編著者 추송학

☎ 2265-6348

예방비법

누구나 간단히 예방할수 있는 부적 책

도서출판 생활문화사

【서두언】

예방술이 불교에서나 신교에서도 널리 응용 되고 있는 것은 그 역사를 논하기 보다 오히려 일반 상식으로 잘 알고 있는 터이다。

지금 세상에 유행되고 있는 治病(치병) 開運(개운)을 위한 祈禱(기도) 念願(염원) 등을 하는 이치에서 생각한다면 재고의 여지도 있겠으나 신앙이나 呪咀術(주저술)은 이론상 논의될 것이 아니므로 一心(일심)으로 염원하면 반드시 예방에 의하여 개운 치병할수 있는 것이다。

예방이란 정신통일의 힘으로 염원하는 자의 몸속에서 일종의 불가사의한 힘으로 변화를 얻기에 이르는 것이다。

믿는 자의 힘은 강하다。

그러나 믿기 때문에 개운 치병에 그치지 않고 또한 과학으로는 해석하기 어려운 일이 많이 생기며 실로 불가사의한 기적을 내는 사람이 있는 것도 정신 통일이 된데서 우러나온 것이다。 그러나 세상에는 話術(화술)이 능한자、宣傳(선전)이 능한자、혹은 신경질적인 사람、남성적 기질의 여자、여러번 주치의를 바꾸어 치료를 받았으나 결과가 좋지 않은 사람、혹은 두번 세번의 실패로 나에게는 성공이란 도저히 불가능하다고 생각하여 자포자기의 비관에 빠진 사람 등등도 예방이라는 부작의 힘을 믿고 따르면 실로 좋아지는 것을 볼수 있을 것이다。

다시 말하면 呪咀(주저)는 이론이 아니고 신념의 힘의 강약에 따라서 영험이 있다。 그러나 그 영험도 가정을 버리고 직업을 멀리하는 광기적인 것이 아니고 진심으로 이 비법을 믿고 개운을 도모하고 정신통일에 정진한다면 예상외의 효과에 놀랄것을 믿어 의심치 않으니 반드시 예방비법을 체험하기 바란다。

특히 본서에 있는 각종 부작을 작성할때는 경면주사를 가루로 만들어서 산추기름이나 참기름 등을 적당히 혼합하여 한지나 창호지에 그려서 사용하라。

그러나 부적을 많이 사용하는 사람은 맹물에 타서 부적을 작성하여도 무방하다。

부적의 규격은 따로 정하여 진 것이 없으나 예방비법책에 나오는 크기면 적당하다。

著者 秋松鶴

목 차

제1편 開運(개운)비법 ---------- 26
1、雜神(잡신)을 쫓는 비법 ---------- 26
2、護神(호신) 十字의 비법 ---------- 27
3、方災(방재)를 예방하는 靈法(령법)부 ---------- 29
4、投機(투기)에 승리 하는부 ---------- 30
5、經營事(경영사)의 번창을 가져 오는 부 ---------- 31
*새로 점포를 개점할때의 개운부 ---------- 32
6、추첨에 당첨되는 부 ---------- 33
7、불의의 재난을 방지하는 부 ---------- 34
8、시험에 합격하는 부 ---------- 35
9、목적 달성의 부 ---------- 36
*오행부 ---------- 37

10、화재 예방 부 ---- 38
*수、화 예방부 ---- 39
11、중풍을 예방하는 법 ---- 40
12、난산할때의 예방법 ---- 40
13、痼疾(고질)의 질명을 고치는 비법 ---- 40
14、술에 취하지 않는 법 ---- 40
15、목에 걸린 생선 가시 뽑는법 ---- 41
16、딸국질 그치게 하는법 ---- 41
17、얼굴에 부기를 빼는 부 ---- 42
18、복통을 고치는 법 ---- 43
19、一切(일절)의 병을 물리치는 비법 ---- 43
20、齒痛(치통)을 그치게 하는 부 ---- 44
21、치통을 고치는 법 ---- 45

22、脚氣(각기)에 걸리지 않는 법 ---- 45
23、딸국질을 그치게 하는법 ---- 45
24、이(齒)가는 것을 그치게 하는법 ---- 45
25、땀띠를 낫게 하는 비법 ---- 46
26、어린 아이의 밤 울음을 그치게 하는법 ---- 46
27、동상에 걸리지 않는법 ---- 46
제2편 각종 병에 대한 예방법 ---- 47
1、충치를 치료하는 비술 ---- 47
2、유행성 눈병을 고치는 비술 ---- 48
3、화상을 즉석에서 고치는 비술 ---- 48
4、중근을 뿌리 뽑는 비술 ---- 49
5、산모의 젖이 나오게 하는 비술 ---- 50
6、부인들 복통에 대한 비술 ---- 51

7、가슴앓이에 대한 비술 ---------- 52
제3편 위생비결 ---------- 53
1、소금으로 피로를 푸는법 ---------- 53
2、햇빛에 피부가 탓을때 ---------- 54
3、차를 너무 많이 마시고 잠이 오지 않을때 ---------- 54
4、먼길을 가다가 목이 마를때 ---------- 54
5、추운날 몸을 따뜻하게 하는법 ---------- 55
6、당뇨병의 유무를 아는 방법 ---------- 55
7、설사로 고생할때 ---------- 55
8、복숭아의 이용법 ---------- 55
9、여드름、죽은깨 없애는 법 ---------- 56
10、개나 고양이에게 물렸을때 ---------- 56
11、발에 티눈이 생겼을때 ---------- 56

12、귀에 물이 들어 갔을때 ---------- 57
13、충치를 예방하는 식사법 ---------- 57
14、묘약 알아두기 ---------- 57
15、구막염에는 ---------- 58
16、변비에는 ---------- 58
17、당요병 고치는 법 ---------- 58
18、류마치스 고치는 법 ---------- 59
19、치질로 고생하는데 ---------- 59
20、잘듯는 지혈법 ---------- 60
21、류마치스 고치는 법 ---------- 60
22、성병 고치는 법 ---------- 60
23、담석증 고치는 법 ---------- 61
24、단독(丹毒) 고치는 법 ---------- 61

25、더위를 마셨를때 ---- 61
26、자궁경부에는 ---- 61
27、소변이 잘 나오지 않을때 ---- 61
28、빈혈에는 ---- 62
29、천식에는 ---- 62
30、만성 류마치스 고치는 법 ---- 62
제4편 아이들에 관한 비술 ---- 62
1、임신하는 비법 ---- 62
2、순산을 편하게 하는 비법 ---- 64
3、오쭘싸게 고치는 법 ---- 65
4、무자식에 희소식 ---- 66
5、미아를 찾는 비술 ---- 66
6、이이의 머리를 좋게하는 법 ---- 66

7、생월에 의한 성질 ---------- 67

제5편 재해 악난 제거법 ---------- 75
1、악란 제거 예방법 ---------- 75
2、악몽을 물리치는 예방법 ---------- 76
3、화재를 면하기 위한 비법 ---------- 77
4、집안에서 분실물을 찾는 비법 ---------- 77
5、사신(死神)에 홀렸을때 제신하는 법 ---------- 78
6、파리를 쫓는 예방법 ---------- 79
7、개에 물리지 않는 법 ---------- 79
*해충부 ---------- 80
8、이사한 집의 잡귀를 쫓는 비법(이사동토) ---------- 81
9、악몽을 선몽으로 전환시키는 법 ---------- 81
10、여자와 인연이 없는자가 자질부 ---------- 82

111, 남여 구설 면하는 법 ---------- 83
112, 남자에게서 떨어지고자 할때의 비법 ---------- 84
113, 마음 먹은 일 성취되는 비법 ---------- 85
114, 질투 많은 버릇 고치는 비법 ---------- 86
115, 원행시 가지면 길한 비법 ---------- 86
* 여행부 ---------- 87
116, 배와 차에 멀미 하지 않는법 ---------- 88
117, 산에서 길을 잃었을때 ---------- 88
118, 월경을 연기시키는 비법 ---------- 89
119, 월경을 부르는 비법 ---------- 89
220, 월경이 없을때의 비법 ---------- 89
221, 거미에 물렸을때 ---------- 89
222, 못에 찔렸을때 ---------- 89

23、화상을 고치는 법 ---- 89
24、하혈을 멋게 하는 법 ---- 90
25、마늘 파를 먹었을때 냄새 없애는법 ---- 90
26、남여 공히 일의 장해를 제거하는 비법 ---- 90
27、여자가 두마음을 품고 있음을 알아내는 법 ---- 91
28、학질을 고치는 법 ---- 91
29、쥐의 소란을 막는 비법 ---- 92
30、소변을 오래 참는법 ---- 93
31、황달을 고치는 법 ---- 93
재6편 신해몽법 ---- 94
1、개운취직의 꿈 ---- 94
2、재산이 모이는 꿈과 손실의 꿈 ---- 95
3、성공꿈과 실패꿈 ---- 96

4、연애 혼담의 꿈 ---- 98
5、임신하는 꿈、출산하는 꿈 ---- 99
6、논쟁 일어날 꿈과 친구를 얻을 꿈 ---- 100
7、여행 또는 가출꿈 ---- 101
8、기다리는 소식 듣는법 ---- 101
제7편 여행길에 필요한 비법 ---- 102
1、여행시 비술 ---- 102
2、불길한 방향의 여행시 ---- 103
3、밤길의 안전을 위하여 ---- 104
4、부부 화합하게 하는 법 ---- 104
5、구설을 없에는 예방법 ---- 105
6、12개월의 비법 ---- 106
제8편 종합부적 ---- 113

1、병과 악귀 퇴치부 ---- 113
2、사주내의 화개살 소멸부 ---- 114
3、호랑살 소멸부 ---- 115
4、단명살 소멸부 ---- 116
5、제1 안택부 ---- 117
6、상문 조객살부 ---- 118
7、백호대살 소멸부 ---- 119
8、축귀부 ---- 120
9、부부불화시 사용부 ---- 121
*부부 화목부 ---- 122
10、도화살=목욕살부 ---- 123
11、대장군 소멸부 ---- 124
12、객사귀 소멸부 ---- 125

13、부부화합부 ---- 126
14、낭패 실패하지 않는 부 ---- 127
15、사업 번창하게 하는부 ---- 128
16、묵는 삼재부 ---- 129
17、양인살부 ---- 130
18、삼형살부 ---- 131
19、아들 잉태하게 하는 부 ---- 132
20、제2 안택부 ---- 133
21、겁살 소멸부 ---- 134
22、망신살부 ---- 135
23、백일 단명살부 ---- 136
24、원진살부 ---- 137
25、육해살부 ---- 138

26、월살부 ---------- 139
27、칠살부 ---------- 140
28、지살부 ---------- 141
29、토신 동토부 ---------- 142
*토신살부 ---------- 143
30、잡귀 소멸부 ---------- 144
31、1년 만액부 ---------- 145
32、목신 동토부 ---------- 146
33、만가대길부 ---------- 147
*공덕부 ---------- 148
*만사성공부 ---------- 149
34、1년 재수 대통부 ---------- 150
35、도적 불침부 ---------- 151

36、수액 예방부 ---- 152
37、새로 집짓고 재수 있게 하는 부 ---- 153
38、교통사고 예방부 ---- 154
39、나만이 사랑을 받는부 ---- 155
40、급재수 있게 하는부 ---- 156
제9편 특수 예방 부적 법 ---- 157
1、눈병 낭게 하는법 ---- 157
2、출 삼재 예방법 ---- 158
3、입 삼재 예방법 ---- 159
*삼재부 ---- 160
4、관재구설 예방법 ---- 161
*관재 소멸부 ---- 162
5、이사 동토법 ---- 163

6、대장군 예방법 ---------- 164
7、대장군 동토 잡는법 ---------- 165
8、백병치료 예방법 ---------- 166
*치매부 ---------- 167
9、축귀 하는법 ---------- 168
*사마부 ---------- 169
10、중상 중복부 ---------- 170
*악귀 퇴치부 ---------- 171
11、악처자퇴부 ---------- 172
12、남편 바람 안피우는 법 ---------- 173
13、쟁토왕생 하는 부 ---------- 174
14、수명장수 하는 부 ---------- 175
15、개가 땅을 파는 곳에 묻는 부 ---------- 176

27、묘탈 산소 예방법 ---------- 190
*묘탈부 ---------- 191
28、타인의 성공을 기원하는 부 ---------- 192
29、벼락 및 전기의 감전 예방법 ---------- 193
*뇌성부 ---------- 194
30、열병을 피하는 법 ---------- 195
31、신의 탈로 난 병 예방법 ---------- 196
32、저악퇴거 시키는 법 ---------- 197
33、삼재를 겸한 재수부 ---------- 198
34、지옥을 파하고 길운으로 전환되는 부 ---------- 199
35、가택이 평안하는 부 ---------- 200
36、횡사귀 불침부 ---------- 201
37、집안에 귀신을 쫓는 법 ---------- 202

38、오복이 오는 법 ---- 203
39、도적을 못오게 하는 법 ---- 204
40、송사액을 면하는 법 ---- 205
41、쟁토왕생부 ---- 206
42、상신수호부 ---- 207
43、모든 죄를 소멸하는 부 ---- 208
*면죄부 ---- 209
*죄 소멸부 ---- 210
44、소원성취부 ---- 211
*소망부 ---- 212
45、부부 자손 화합 되는 법 ---- 213
46、악귀가 출입 못하게 하는 부 ---- 214
47、삼살부 ---- 215

48、동방 삼살 예방부 ---------- 216
49、서방 삼살 예방부 ---------- 217
50、남방 삼살 예방부 ---------- 218
51、북방 삼살 예방부 ---------- 219
52、강도 및 도적 예방부 ---------- 220
53、입귀부 ---------- 221
54、묵는 삼재 예방부 ---------- 222
55、관인이 관액 예방부 ---------- 223
56、대장군 예방부 ---------- 224
57、중환자 완쾌부 ---------- 225
58、백병속치부 ---------- 226
제10편 단병법 외 일병 예방법 ---------- 227
1、년령별 병견 및 병사일병 법 ---------- 227

2、명이부 ---------- 228
3、1일병부 ---------- 230
4、2일병부 ---------- 231
5、3일병부 ---------- 232
6、4일병부 ---------- 233
7、5일병부 ---------- 234
8、6일병부 ---------- 235
31、29일병부 ---------- 258
32、30일병부 ---------- 259
33、위급한 병자의 예방법 ---------- 260

제1편 開運(개운)비법

(1)雜神(잡신)을 쫓는 비법

新年을 맞이하여 옆의 5섯 글자를 백지에 써서 실내 혹은 대문에 붙이면 잡신을 물리친다고 한다。

매년 입춘일 입춘시에 써서 붙인다。

立春大吉

(2) 호신 열자의 비법

* 天字(천자)=손바닥에 쓰든지 마음속으로 쓰면서 문원(배꼽 밑 3寸)에 힘을 넣고 指(지)와 中指(중지) 두개를 내고 다른 손가락은 굽히고 기원하면 고관의 앞에 나아가도 의외의 실수 없이 으젓하게 행동 할수 있게 있다。

* 王字(왕자)=질이 나쁜 사람을 대할때나 재판 등의 비상시에 마음속으로 쓰면서 열심히 기도하면 의외로 마음이 커지고 유리하게 나아간다。

* 命字(명자)=열심히 마음속으로 기도하면 이상하게도 식중독에 걸리지 않는다。

* 勝字(승자)=무슨 승부를 할때나 거래를 할때 이 글자를 열심히 念하면 반드시 승리할 것이다。

＊龍字(용자)=배를 탔을때 또는 바다나 강에 갔을때 조난을 면하려고 하면 이 용자를 열심히 念하면 화를 면하리라。

＊虎字(호자)=깊은 산을 등산하거나 야산에 갔을때 이 글자를 마음속으로 열심히 쓰면 강한 신념이 생겨서 맹수나 독사등에게 화를 면할수 있다。

＊日字(일자)=경사나 축언을 할때 이 글자를 열심히 마음속으로 쓰면서 념하면 편안함을 얻을 것이다。 단 남자는 왼손、여자는 오른손으로 공간에 쓸 것。

(3) 方災(방재)를 예방하는 靈法(령법)

方位(방위)를 犯(범)하였을때 백지에다 옆을 글자를 쓰고 범한 방위의 기둥 밑에 묻으면 그 재난을 면하리라。

南無三寶荒神守護

(4)投機(투기)에 승리하는 부 백지에 다음과 같은 글을 써서 지니고 그 글자들에게 힘을 넣으면 편안함을 느끼고 행동하게 된다。 《옴 성취봉원 앙원제신》이 축문을 여러번 되풀이 하여 암송하면 빨리 이루어지리라。

唵急如律令

(5) 사업의 번창을 가져 오는 비법
다음과 같은 글자를 경면주사로 써서 점포 문위에 붙이고 다른 사람보다 일찍 일어나고 다른 점포의 장점을 배우며 새로운 구상으로 게을리 하지 않으면 번창할 것은 의심의 여지가 없을 것이다.

人 人
天尸尸娓[illegible] 急々如律令

※ 새로 점포를 개점할때의 護符(호부)
새로 개점을 할려고 할때 발전의 부작인 옆의 글자를
백지에 경면주사로 써서 집안에 붙이면 운이 열린다。

天 天
風門人來隱々如律令

(6)當籤(당첨) 되는 법

백지에 다음의 문자를 두장 써서 한장은 佛殿(불전)에 올리고 한장은 가지고 다니면서 당첨의 신념을 가질것

神福大明神 壽福神

(7)불의의 재난을 방지하는 부
백지에 경면주사로 써서 항상 몸에 지니고 다니면
불의의 災厄(재액)을 면하리라。

捦 抬 捦 捛

(8) 시험에 합격하는 법

경면주사로 백지에 써서 몸에 지니고 공부하면 합격할수 있는 부작。

日日日
日日日
日日日
日日日

(9)목적 달성의 비법

목적을 달성하고자 하면 강한 믿음의 일념을 가지고 성급하게 굴지 말고 경면주사로 부작을 써서 몸에 지니면 목적 달성을 할 것이다。

(오행부)

이 부작은 하고자 하는 일을 성공하고자 할때 몸에 지니고 다니는 부적이다。상신수호부와 소원성취부를 함께 써서 몸에 지니면 소원 성취가 된다。

(10)화재 예방법

백지에 다음과 같이 써서 대문에 붙이면 화재를 예방할수 있는 부적。

往宋名无忌知君是

火精大全輪王勅

(水、火 예방부)

일년 신수에 화재운이 있든지 水난으로 피해를 본다고 되여 있다면 반드시 미리 예방을 하여야 되는데 이럴때는 이 부적을 몸에 지니고 집안의 문위에 붙여두면 화재와 물의 피해를 면할수 있다。

(11)중풍을 예방하는 법

음력 5월 5일에 싸리나무의 열매를 따서 동쪽 우물이나 샘물과 같이 먹으면 중풍을 면하리라。

(12)難産(난산)할때의 예방법

蓮(연) 잎에 사람 人자를 써서 그 이슬을 마시면 安産(안산)을 보장할수 있다。

(13)질병을 고치는 비법

입춘절 卯의 날에 달팽이를 잡아유리병에 넣고 백설탕을 넣어 두면 자연히 녹아 내리는데 그 물을 솜에 무쳐서 항문에 넣으면 어떠한 고질의 질병도 완쾌 된다。

(14)술에 취하지 않는법

술을 마시기 전에 생계란 3、4개를 먹고 술을 먹으면 술에 금방 취하지 않으리라。

(15)목에 걸린 생선 가시 뽑는 법

미지근한 밥을 씹지 않고 한수저 정도를 그냥 삼키면 빠지나 그래도 빠지지 않을 때는 대접에 물을 떠서 《九龍八音神護身(구룡팔음신호신) 을 세번 복창하며 손가락으로 물위에 써서 그 물을 마시면 좋으리라。

(16)딸국질 그치게 하는 법

개 犬(견)자를 세번 쓰면 당장 그치는 신통한 효과를 볼수 있으리라。

(17)얼굴의 부기를 떼는 법
감기로 얼굴이 부어 올랐을때 옆의 글자를 경면주사로 써서 태워 물에 타서 마시면 부기가 내린다。

[illegible]見 喼急如律令

(18)복통을 고치는 법

대나무(竹)의 껍질을 검게 태워서 물에 타서 가라앉힌후 마시면 좋아지리라。

(19)일절의 병을 물리치는 비법

정월이면 초하루 날에、2월이면 2일、12월이면 12일 이와 같이 달의 숫자와 같은 날에 枇杷(비파=풀 피리의 일종)의 잎을 다려서 목욕하면 병에 걸리지 않는다。

(20)치통을 그치게 하는 법

경면주사로 써서 아픈 이로 꼭 씹고 있으면 통증이 사라지리라。

有二
乍口
二四七鬼急々如律令

(21)치통을 고치는 법

무를 갈아서 아푼 이와 볼 사이에 넣든지 또는 생강을 갈아서 국수가루와 반죽하여 엷게 넓혀서 볼에 붙이면 낫는다。또는 콩을 태워서 아푼 이에 넣고 있으면 완쾌된다。

(22)脚氣(각기=다리 붓고 마비되여 잘 걷지 못하는 병)

음력 4월 8일에 새 짚신을 한켤레 종이에 싸서 남자나 여자의 나이를 써서 각기를 앓치 않도록 기원하면서 8일이 경과후 바다나 강에 띄워 보낸다。

(23)딸국질을 그치게 하는 법

딸국질이 심하면 죽는다고 까지 하는데 무엇보다도 암모니아의 냄새를 맡으면 잘 낫는다。

(24)이(齒) 가는 것을 그치게 하는 법

이를 갈고 있는 것을 듣고 있으면 매우 불쾌하니 이것을 그치게 하려면 그 사람이 자고 있는 구둘 밑 흙을 잘게 갈아서 본인이 잠들었을때 본인이 모르게 입안에 넣으면 반드시 그친다。

(25)땀띠를 났게하는 비법

고름이 든 땀띠라도 복숭아 잎을 다려 즙을 낸후 그 즙을 뜨겁게 끓여 환부를 뜸질한 후 즙은 강에 흘려 보내고 절대로 뒤를 돌아보지 말고 가면 되리라。

(26)어린 아이의 밤 울음을 그치게 하는 법

우는 아이의 배꼽 밑에 田(전)자를 쓰거나、혹은 上(상)자를 써서 기둥에 부착할 것。

(27)동상에 걸리지 않는 법

덜 익은 감의 즙을 바르면 동상에 걸리지 않는다。

제2편 각종 병에 대한 예방법

(1) 충치를 치료하는 비술

백지에 써서 기둥 높은 곳에 못질 하여 붙여 놓으면 아픈 것이 사라지리라。

(2)유행성 눈병을 고치는 비술

작은 인형 모형을 만들고 백지를 一寸 5-6분 정도의 사각으로 짤라서 앓는 눈에 조용히 대고 쓰다 듬은 다음 그 백지를 인형의 머리에 싸서 강이나 바다에 흘려 보내고 국부에 南(남)자를 손으로 세번 쓰면 낫는다。

(3)화상을 즉석에서 고치는 법

작은 화상을 당했을때 간장을 환부에 바르면 통증이 없어진다。

(4)腫根(종근=다리에 부스럼 같은 것이 생김)을 뿌리 뽑는 비술

종근을 뿌리 뽑을려면 자기가 신봉하는 불경을 외우면서 백지에 경면주사로 써서 간직하라.

治
治 治
鬼去東方日出

(5) 산모의 젓이 나오게 하는 비술
젓(乳)이 없어 고생하는 산모는 가슴위에 붓으로
다음과 같이 쓰고 열심히 기원하면 젓이 나오게
된다.

乳
來來
急急如律令

(6)부인들 복통에 대한 비술

백지에 다음과 같이 글자를 쓰고 작게 뭉쳐서 물과 같이 마시면 즉시 효험이 있음。

月日 午

喼急如律令

(7)가슴앓이에 대한 비술

남자가 가슴 앓이를 할때는 다음과 같이 백지에 글을 쓰고 기원하면서 먹으면 완쾌되는데 기도는 마음속으로 속히 가슴앓이를 완치하게 하여 주십시오 라고 한다。

治 治

治噫急如律令

*여자는 다음과 같이 써서 태워서 물에 타 먹는다。

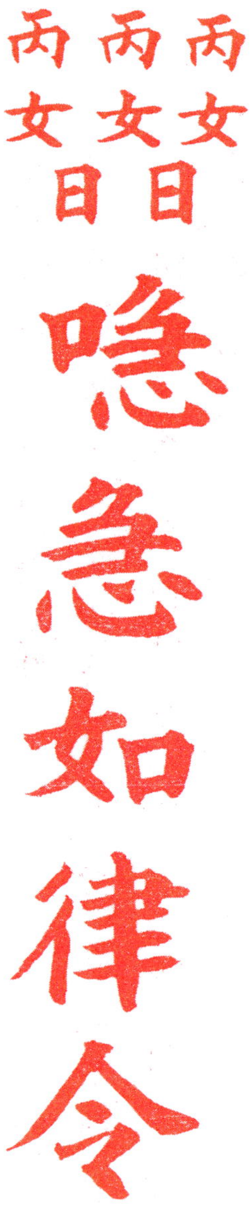

제3편 위생 비결

(1)소금으로 피로를 푸는법

피로할때 탕에 들어 갔다가 나와서 한줌의 소금을 허리에서 밑으로 특히 허벅지를 강하게 비빈다음 5분 정도 누워 있으면 신기하게 피로가 싹 풀린다.

(2)햇빛에 피부가 탔을때

여름 해수욕장에서 피부가 타면 물집이 생기고 매우 아프다。그럴때는 뽀마드를 피부에 바르면 좋다。뽀마드가 없을때는 香油(향유)도 좋다。

(3)차를 너무 많이 마시고 잠이 오지 않을때

차를 너무 많이 마시고 잠이 오지 않아 고생할때는 절인 매실(일본말로 우메보시)을 2-3개 먹든지 그 즙을 마시면 곧 잠이 온다。

(4)먼길을 가다가 목이 마를때

먼길을 걸은 때는 목이 말라 매우 고생을 하는데 이럴때는 버터나 치즈를 입에 적시며 걸으면 신기하게 갈증이 없어진다。

(5)추운날 몸을 따뜻하게 하는법

뜨거운 물한잔에 좋은 간장을 반정도 부어 잘 섞은 다음 마시면 조금후에 몸이 훈훈해진다。

그렇다고 너무 많이 마시지 말것。

(6)당뇨병의 유·무를 아는 방법

당뇨병이 있는지 없는지를 알려면 모래사장에서 소변을 보면 당뇨가 있으면 개미가 모여 든다。당의 경중을 알려면 모여드는 개미수로 가름할수 있다。

많이 모여 들면 당요가 심한 것이다。

(7)설사로 고생할때

된장을 동전 크기로 만들어 배꼽 위에 놓고 그위에 쑥뜸을 세번 정도 뜨면 좋아진다。

(8)복숭아의 이용법

복숭아는 소화를 촉진하고 변비에도 좋으며 복숭아의 잎을 다려서 그 즙을 간난 아기의 목욕물에 타서 목욕을 시키면 피부병이 생기지 않는다。

(9)여드름 죽은깨 없에는 법

배(梨)는 소화를 돕고 열을 내리는데 유효하다。

배 꽃이나 잎을 다려서 그 즙을 꿀에 타서 바르면 여드름과 죽은깨를 없에는데 효과가 있다。

(10)개나 고양이에게 물렸을때

아이들이 고양이나 개에게 물렸거나 발톱에 할겼을때 밤(栗)을 태워서 갈아서 환부에 바르면 좋고、옷이 올라 전신이 가려울때도 밤을 쌂아서 그 즙을 바르면 좋다。

(11)발에 티눈이 생겼을때

발에 티눈이 생겨 아플때는 양배추 잎을 티눈에 얹어 놓으면 잘 났는다.

(12)귀에 물이 들어 갔을때

귀에 물이 들어갔을 때에는 뜨거운 돌을 귀에 대고 있으면 물이 잘 빠져 나온다. 해수욕때는 근처에 있는 뜨거운 돌을 이용하면 된다.

(13)충치를 예방하는 식사법

이에 끼이는 음식물을 먹은후 단감이나 사과를 먹으면 충치를 예방하고 이를 튼튼히 만든다. 달지 않은 비스켓도 좋다.

(14)묘약 알아두기

위병으로 고생하시는 분은 생강과 梅干(절인 매실)을 엽차로 다려 복용하면 좋다.

(15)구막염(구膜炎)에는

구막염에는 고약을 환부에 부치는 것이 좋은데 고약을 만드는 방법은 토란을 갈고 그 분량의 10% 정도의 생강과 보리가루로 배합하여 백지에 붙여서 부착하여 사용하면 된다。이 고약은 어깨가 뻐근할때、멍든데、동상、옷 오른데、머리에 나는 부스럼、화상、손 발 튼데 등에 사용하면 신기하게 잘 듣는다。마르면 바꾸어 붙인다。

(16)변비에는

변비에는 엽서 크기의 葛布(갈포)(칡섬유베)를 태운데다가 온수 1컵 정도를 붓고 2-3번 마시면 변비가 없어진다。

(17)당뇨병 고치는 법

당요병에는 깨소금과 팥밥과 해초류를 항상 복용하면

서서히 좋아진다。

(18)류마치스 고치는 법

생미꾸라지를 갈아서 흑설탕을 3-4할 정도 배합하고 반죽하여 바르면 류마치스、표저 등창 등에 특히 효능이 우수하다。

(19)痔疾(치질)로 고생하는데

치질은 어류、육류의 중독이라고도 하고 있다。기름에 튀긴 것과 구약(=곤약)을 같이 다려 먹으면 좋다。토란에 계란 흰자위를 섞어 으깨서 국부에 바르면 좋다。昆布(곤포)를 발라도 좋고、무화과 나무 잎을 다려서 그물로 국부를 씻으면 좋고、청매실을 가루내어 들깨 기름에 섞어서 발라도 좋고 밭고동(밭에 있는 작은 소라·고동)을 태워서 가루를 내어 참기름과 섞어서 반죽한 것을 바르면 특효。

(20)잘 듣는 지혈법

연근의 마디 있는데를 이로 물어 끊고 그 즙을 빨아 마시면 피가 멋는다。또 연근을 갈아서 그 즙을 바르면 코피가 멋는다。

(21)류마치스 예방법

류마치스로 고생을 하는 데는 昆布(곤포)를 삶아 무친 것、野菜(야채)를 기름에 튀긴 것과、현미 스프를 항상 먹고 생강 술을 外用(외용)으로 하면 좋다。

(22)성병 고치는 법

성병인 임질을 고치려면 참외의 뿌리를 말려서 다려 2-3개월 장기 복용하면 반듯이 완치된다。

(23)담석증 고치는 법

복국을 항상 먹으면 좋다.

(24)단독(丹毒) 고치는 법

항상 육류 어류의 많은 섭취를 줄여야 한다. 많이 먹을 수록 단독을 발생시키기 쉽고 환부를 우거지 삶은 물로 깨끗이 씻고 푸르고 신선한 배추잎을 부치면 좋고 겸하여 현미 스프를 먹으면 좋다.

(25)더위를 마셨을 때

무를 갈아서 마시고 매실초를 마시면 된다.

(26)자궁경부에는

무즙 한잔과 1할 정도의 생강즙에 간장을 넣고 뜨거운 물을 8할 정도 부어 마시면 좋다.

(27)소변이 잘 나오지 않을때

비파의 잎을 다려 마시면 좋다。

(28)빈혈에는

간장 엽차가 좋다。튀김과 모밀 국수에 무채를 곁들여 자기 전에 먹고 자는 것도 좋다。

(29)喘息(천식)에는

연근 뿌리와 미음、된장국、기름튀김、야채 등이 좋고 어류、육류、과자、사탕、술 등은 금물。

(30)만성 류마치스 고치는법

유자、매간(梅干=일본말로 우메보시)、꽂감을 다려 마시면 좋다。

제4편 아이들에 관한 비술

(1)임신하는 비법

자식이 없는 사람은 四季(사계)의 토(土)의 지(支)일진·술·축·미 日을 택하여 합방하면 임신하고 태아가 건강하다。

1월은 오전 4시에 토의 일지에 합방하고
4월은 오전 10시에 토의 일지에 합방하고
7월은 오후 4시에 토의 일지에 합방하고
10월은 오후 10시에 토의 일지에 합방한다、

단 여자에게는 임신하는 달이 있다。 1、4、7、10월에는 여자의 나이를 16으로 하고 계산하고 2、5、8、11월에는 여자나이를 17로 하고 계산하고 3、6、9、12월에는 여자 나이를 18로 하고 계산하고 다시 돌아가서 1、4、7、10월로 계산하여 나간다。 1년중 임신 달은 4개월씩 있다。

가령 19세의 여자라면 1、4、7、10월이다。

(2)순산을 편하게 하는 비법
복통이 빨리 지나가기 위하여 본 부적을 백지에 써서
청수(淸水)로 산모에게 마시게 할것。
진통이 심한 것이 편안하게 된다。

日安 日安

喼急如律令

(3)오줌싸게 고치는법

취침전 식사를 삼가고 복부를 따뜻하게 해줄것。
그리고 다음과 같이 백지에 써서 아이의 침구 밑에 넣어 둘것。

温温 温温

鬼㲹急如律令

(4)무자식에 희소식

자식이 없는 것처럼 쓸쓸한 것이 없다。검은 콩을 소금을 넣고 볶아 매일 조금씩 먹으면 좋다。또 반찬을 조금 짜게 먹고 매일 목욕할 것。

(5)미아를 찾는 비술

남자 아이는 왼쪽、여자 아이는 오른쪽 허리에 자를 꽂고 찾으면 곧 찾을수 있다。

(6)아이의 머리를 좋게 하는법

아이의 기억력이 좋지 못할 때는 음력 5월 5일 미시에 동쪽으로 뻗은 복숭아 나무 가지를 끊어 작게 만들어서 아이의 교복이나 평소 입는 상의의 옷깃에 넣어 꿰메면 자연스럽게 기억력이 좋아진다。

(7)생월에 의한 성질

*1월생

이달에 출생한 사람은 집착력이 강한 편으로 한때는 광기도 있는것 같으나 자신감이 없어 실망을 잘하며、냉정하게 보이나 사실은 따뜻하며 꾸준하고 노력으로 성공하는 사람이 되나 타인의 덕을 보기 힘드니 충분히 실력을 연마할 필요가 있다。내가 사람을 구해줌으로서 타인에게 행운을 받는 운세이다。너무 큰 희망을 가지는 것은 금물。이달의 출생자는 11、21、31의 1이 되는 연령의 해를 주의할 것。

*2월생

이 달의 출생자는 고독을 즐기는 사람으로 외길로 나가고 신경이 예민하여 너무 한가지 일에 신경을 많이 쓰는 경향이 있다。부자집 출생은 평범하나、가난한집 출생자는 자수성가하는 자가 비교적 많다。한번 나쁜 짓을 하면 극단적으로 나온다。형제복은 비교적 없고 가정적으로는 불행한편。부침성이 있고 애교도 있어서 친구의 협조도 받는다。무슨일이든 타인의 의견을 존중하고 사교도 능한 편이나 자기의 친족과는 잘 화합이 안되는 편이다。고집이 있으나 말귀를 잘 알아 듣는 장점이 있고 40세경부터 재산도 생기고 생활도 안정이 된다。

*3월생

마음이 넓은 편이나 경계심이 강하다。무슨 일이나 배우지 않아도 알아차리는 영리함이 있고 야심도 있으나 실행력이 부족하고 재물도 들어 오나 가족의 일로 손재가 많아 고생도 한다。자식복이 있으므로 행복도 따른다。

재혼할 운도 있다 。정직함으로 의외의 성공을 거둘수 있다 。초년 풍파하나 말년 행복하다 。

*4월생

이달 출생자는 마음이 넓고 교제술이 좋으나 색정으로 인하여 실패하는 경우가 많음을 주의하지 않으면 안된다 。부모 재산을 지키지 못하니 자수성가하는 경우가 많다 。운기는 강하나 육친과의 인연이 박하다 。이 사람은 일확천금을 꿈꾸면 안된다 。착실히 노력하면 점차 좋아진다 。특히 성급함을 주의할 것 。

*5월생

온화하고 건실함으로 자연히 덕망이 있어 사람도 많이 부리게 됨으로 노고가 많다 。잘 노하지 않으나 한번 노하면 집념이 깊고 길다 。그러므로 자기 자신도 자기의 성질을 잘 모르는 성품。그러나 만사가 실제적이고 체면을 중하게 여긴다。재물운은 중년부터 길하다。

*6월생

이 달에 출생자는 영리하고 지식이 풍부하며 만사에 능하나 지속력이 부족한 것이 결점이다。잘되가는 일도 도중하차하는 결점이 있으나 결단력이 있어 사람들에게 사랑과 신망도 받지만 성급하고 지속력 부족으로 변화가 많다。가정 생활은 불행하지 않으나 변화가 많으니 주의할 것。

*7월생

이 달에 출생자는 성급하고 변화를 좋아한다。욕심이 많으면서도 다른 사람으로부터 금전상 단속을 받는다。만사 세밀하고 착실하나 고집불통이므로 타인으로부터 미움을 사기도 하고 놀기를 좋아하며 색정에 흘러 실패의 고배를 마신다。특히 외면은 의젓하고 온화하나 내면은 좋자 못한 편으로 풍파가 있기도 하니 색정에 주의하라。타고난 착실성으로 노력하면 차차 재물이 생기고 이름이 난다。

*8월생

이 달에 출생한 사람은 타인에게 의지하여 성공하는 사람으로 술수에 능하나 도량은 큰편이다。타인을 위하여 무작정 도움을 주다가 의외의 실패를 격는다。가정적인 것보다 사회적이면 금전에는 행운인 편이다。선견지명도 있고 상당히 예비심도 있으므로 일생동안 큰 실패도 많지 않은 편이며 고집을 세우면 끝까지 끌고 나가는 강한 의지가 있어 35-36세부터 두각을 나타냄。

여자 주의。

*9월생

이 달에 출생자는 분별력、판단력이 풍부하나 큰 그릇의 인품은 되기 어렵다。모든 것이 귀족적이고 그로 인하여 겉보기 보다는 내심 고생이 많다。가정적으로는 행복하나 친척간에는 적이 많다。자기가 직접하기를 싫어하고 남을 부리기를 좋아하며 상사에게는 귀여움을 받으나 끝내는 유종의 미를 거두지 못하고 고심하나 의외로 행복한 편이다。금전에는 인연이 있어서 어린시절에는 상당히 풍족하게 지낸 사람이 많다。교제술이 능함으로 빈곤하지는 않으나 허풍이 강한 편이다。

*10월생

이 달의 출생자는 온화하고 정이 많으며 우직한 성품。금전에는 집착성이 없으면서 투기성을 좋아하고 애정 생활은 불행하여 이성에게 거부 당하는 경우가 많다。남에게 머리 숙이는 것을 싫어하며 인색한 경향이 있고 처세술이 부족한 편이다。상당한 신용도 얻고 평탄하게 지낼 수 있는 편이니 자중하라。운기는 상당히 좋다。

*11월생

이 달의 출생자는 20세경까지는 착실하나 그 후에는 성격의 변화가 생겨서 극단으로 감정적이고 타인에게 감화되기 쉽다。그로 인하여 운기가 변화가 생긴다。마음도 다급하고 성품이 성급함으로 주의하지 않으면 실패한다。이 달의 출생자는 부모의 혜택을 바라지 말고 자력으로 노력함이 중요하다。자기의 고집과 성급함을 주의하지 않으면 후회의 고통이 생긴다。금전과 의식주에는 곤란을 당하지 않는다。

*12월생

이 달의 출생자는 일생 마음 고생이 생겨서 걱정 근심이 떠나지 않으며 될 일도 미리 짐작하여 고심한다。성질은 정직하고 욕심이 없으며 착실하나 하는 일에 진척이 없다。일평생을 손톱으로 모으다시피 하여 모은 돈도 일시에 잃어 버릴 일이 있으므로 주의하여야 한다。특히 색정에 주의하여야 하는데 이것은 정직하고 고지식하기 때문에 타락을 당할 가능성이 많기 때문이다。이 결점을 주의 하면 정직하기 때문에 신용을 얻어서 발전한다。

제5편 재해(災害) 악난(惡難) 제거법

(1)악난 제거 예방법

다음 글을 백지에 써서 집의 입구에 붙여 놓으면 병난、재난、수난 기타 일절의 액난을 예방한다。

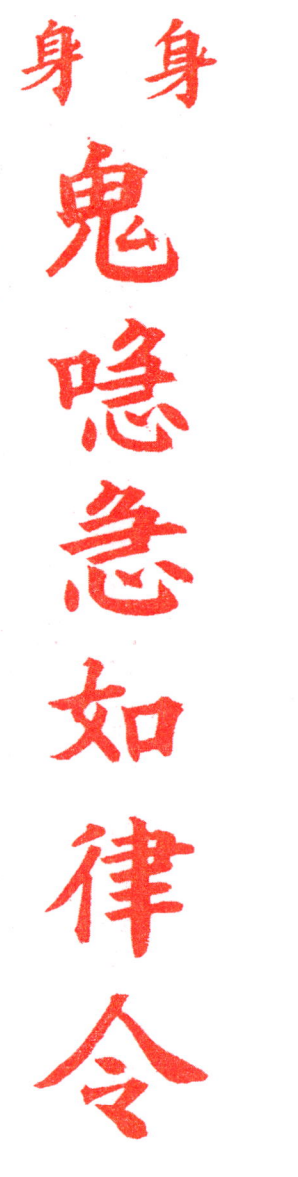

身 身

鬼隐急如律令

(2) 악몽을 물리치는 예방법
악몽을 꾸고 기분이 좋지 못할때는 백지에 다음과 같은 글을 쓰고 염(念)할 것。
염원은 악몽은 착취몽하고、희몽은 성주옥이라 한다。

口口日
口口五日
口口日

噫急如律令

(3)화난(火難) 면하기 위한 비법

추운 겨울에 물을 받아서 화재 운이 있는 신수월에 조금만 물을 지붕에 뿌려 놓으면 재난을 면하고, 또는 긴 대(竹) 끝에 하얀 천을 걸어서 높이 들고 자주 흔들면 화재를 면하는 효험이 있다。

(4)집안에서 분실물을 찾아내는 비법

다음과 같은 부적을 그리고 염원하면 분실물을 찾을수 있다。

염원은 ○○○ 물품은 속히 나오너라를 자주 암송하라。

(5)사신(死神)에 홀렸을때 제신(除神)하는 법

죽은 귀신에게 홀려서 물에 뛰어 들려고 하든지 죽을려고 할때는 다음과 같이 부적을 그려서 몸에 지니고 다니게 하면 귀신을 제거할수 있다。

退 退
退
退 退

鬼喼急如律令

(6)파리를 쫓는 예방법

음력 5월 5일 12시 정각에 백지에 儀方(의방)이라고 써서 문 틈에 거꾸로 붙여 놓으면 파리는 다시 오지 않는다。

(7)개에 물리지 않는법

개가 짖을대 다음과 같이 주문을 외우면 그친다。

(해충부)

인간에게 피해를 주는 해충이 집안에 자주 생기면서 사람에게 겁을 주는 뱀 등이 들어 오면 이 부작을 동서남북에 모두 붙여 두면 침입을 못한다。

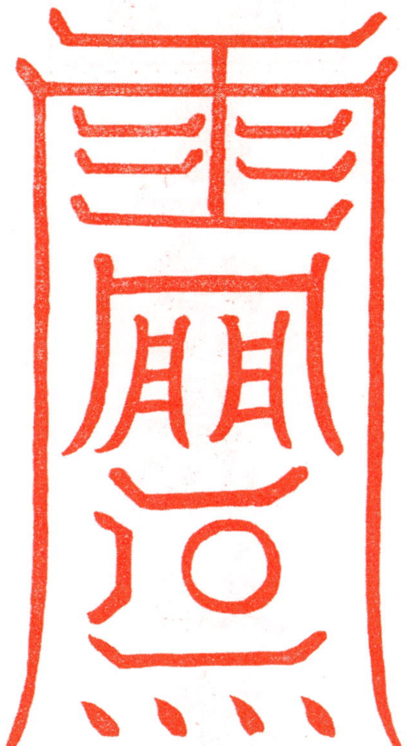

戌、亥、子、丑、寅 까지 하고 다시 戌부터 寅 까지를 세번 외우면 곧 그치는데 만일 물렸을때 물린 곳에 흑설탕을 바르면 좋다。

(8)이사한 집의 잡귀를 쫓는 비법(이사동토)

이사한 집의 아귀를 쫓는데는 밥솥을 먼저 이사하는 집에 갔다 놓은 후에 가구를 갔다 놓으면 재난이 있는 집이라도 지장이 없다。

(9)악몽을(惡夢) 선몽(善夢)으로 전환시키는 법

악몽을 꾸었을 때는 일부러 남에게 말하지 말고 제일 먼저 맑은 물을 입안에 넣고 惡夢草木好夢滅珠玉夢咎이(악몽초목호몽감주옥몽구이) 또는 다음과 같이 남자는 왼손에 여자는 오른손에 쓸것。

日日日

日鬼

喼急如律令

(10)여자와 인연이 없는 자가 가질부 다음 글을 백지에 써서 항상 목에 걸고 있으면 신기하게 因緣(인연)이 가까워 진다。

(11)남、여 구설 면하는 법
항상 남여 같이 백지에 써서 가지고 있으면 구설을 면한다。

月 品弓品

星 品弓王

ヨ如夫和合且八日月噫急如律令

月

(12) 남자에게서 떨어지고자 할때의 비법
백지에 다음 글을 쓰고 항상 몸에 지니고 다니면
자연히 떨어져 나갈 것이다。

(13) 마음 먹은 일 성취되는 비법

다음을 백지에 써서 베게 밑에 넣고 자면 마음을 먹은 일이 성취되리라。

尸田鬼
日日日
喼急如律令

(14)질투 많은 버릇 고치는 비법
꾀꼬리를 삶아 먹이면 고쳐진다.

(15)원행(遠行)시 가지면 길한 부적
다음의 부적을 백지에 써서 지니고 나가면 재난을 예방하리라.

(여행부)

여행을 할려는데 일진이 나쁘거나 꿈을 나쁘게 꾸었다면 이 부작을 몸에 지니고 다니면 교통사고나 함정에 빠지지 않고 무사하게 되는 부적이다.

虫虫虫
虫天隐急如律令

(16)배와 차에서 멀미하지 않는법
술잔을 종이에 싸서 封(봉)하고 배나 차를 탈때 품에 지니면 멀미를 하지 않는다。

(17)산에서 길을 잃었을때
깊은 산에서 길을 잃으면 물이 흐르는 계곡을 찾아서 물이 흐르는 밑의 방향으로 하산할 것。

(18)월경을 연기시키는 비법

雲龍留(운용유)라고 백지에 써서 태우고 물에 타서 먹을것。

(19)월경을 부르는 비법

龍雨(용우)라고 백지에 써서 태우고 물에 타서 먹을것

(20)월경이 없을 때의 비법

一甲凬キ林水而一水急急如律令 이라고 백지에 써서 태워서 물에 타서 마시면 3일안에 효험이 발생한다。

(21)거미에 물렸을때

고구마 줄기를 끓여서 그 즙을 바를것。

(22)못에 찔렸을때

못에 찔렸을 때는 지렁이를 흙과 같아서 붙일것。

(23)화상을 고치는법

雲丹(운단)을 바를것。또는 우거지를 갈아서 기름에 반죽하여 바를것。

(24)하혈을 멎게 하는법

梅干(매간=일본 말로 우메보시)을 검게 태워 가루를 내어 마시면 좋고、청어 머리를 검게 태워 가루를 마실것。

(25)마늘 파를 먹었을때 냄새를 없애는법

설탕을 조금 먹든지 엿을 먹을것。

(26)남여 공히 일의 장애를 제거하는법

다음의 부적을 백지에 써서 지니면 좋다。

(27)여자가 두마음을 품고 있음을 알아내는 비법
동쪽으로 가는 말의 말굽 밑에 흙을 펴서 여자의 옷
속에 넣어 두면 자연히 알려진다。

(28)화질을 고치는 법
다음 글을 백지에 써서 집안에 붙이고 한장은
태워서 맑은 물에 타서 마실것。

(29)쥐의 소란을 막는 비법

백지에 다음과 같이 써서 사방에 붙일것。

(30)소변을 오래 참는법

소변을 오래 참아야할 경우 푸른 솔잎을 잘비벼서 배꼽 위에 두면 신기하게 오래 참아 진다。

(31)황달을 고치는법

계란을 껍질채로 검게 태워 초(酢)에 넣어 잘 갠다음 따뜻하게 하여 바르면 코에서 충이 나오고 낳는다。

제 6편 신 해몽법

변태심리학과 정신분석학이 발달함에 따라 꿈의 원인과 그 내용도 과학적으로 연구되어 왔다。그것을 열거하기로 한다。

(1) 개운 취직의 꿈

*종자를 뿌리는 꿈을 꾸면 운이 좋아지고 길하여진다。

*아침 해가 뜨는 꿈을 꾸면 입신 출세한다。

*왕이나 높은 사람 앞에 나아가는 꿈을 꾸면 명성과 지위을 얻는다。

*지진을 꿈꾸면 번창 승진이 따른다。

*도적에게서 칼을 맞는 꿈을 꾸면 뜻밖의 행운이 온다。

*고기가 모이는 곳、또는 고기가 물위에 뛰어오르는 것을 꾸면 입신 출세한다。

*하늘의 신과 이야기하는 꿈을 꾸면 부귀하게 된다。

*발에 상처를 입고 피를 흘리는 것을 보면 재복 있다。

*죽은 사람을 만나면 행복해진다。

*집안에 우물이 있는 것을 보면 사업발전 주택확장한다。

*말에 물리면 취직이 된다。

*부자되는 꿈을 꾸면 반대로 불행해진다。

*만조(滿潮)를 보면 지도자가 된다는 징조이다。

*서있는 꿈을 꾸면 나쁜 운이며 그 뒤에 악인이 있다。

(2)재산이 모이는 꿈과 실패의 꿈

*뱀을 보면 뜻밖에 이득이 있고 상담 성공한다。

*거북이 꿈을 꾸면 재물을 얻는다。

*새집에 새 알이 있음을 보면 많은 재물이 들어 온다。

*구름이 사방에서 일면 사업이 번창한다。

* 작은 어머니를 보면 재물을 얻고 좋은 친구가 생긴다。

* 여자와 같이 가면 손재가 생긴다。

* 도적을 만나면 이득이 생긴다。

* 밀감을 보면 손실、도난수가 생긴다。

* 가족이 전부 배를 타면 손실이 생긴다。

* 집안에 풀이 나면 장사가 안된다。

* 쥐를 보면 상처가 생기고 손실도 생긴다。

* 泉水(샘물)、景山(경산)、游山(유산)을 보면 손재수。

(3) 성공 꿈과 실패 꿈

* 비둘기를 보면 사업 성공하고 신용을 얻는다。

* 흰색의 의복을 보면 사업에 성공한다。

* 공작을 보면 사업에 성공한다。

* 유치장을 보면 사업이 성공되여 가는 징조이다。

* 하늘이 열린다고 느끼면 좋지 않다。

* 큰 저수지의 물이 넘친다고 보면 사업 실패 한다。

* 무지개꿈 또는 검은 구름이 사방에 있으면 무슨 일이든지 빠르게 처리하여야 한다。

* 아이의 꿈을 꾸면 만사 성취된다。

* 커피를 마시면 부와 명성을 얻는다。

* 저녁때 화장하면 소원이 성취된다。

* 실을 감는 꿈을 꾸면 되는 일이 없고 후회할일 생긴다。

* 두통이 있다고 꿈에서 느끼면 원하는 일이 성취된다。

* 넓은 벌판에 한그루의 나무가 있는 것을 보면 복잡한 일이 몰려 온다。

* 우박이 온다고 보면 되는 일이 없고 잘 되가는 일도 중도에서 실패가 된다。

(4)연애 혼담의 꿈

* 태양을 보면 연애 성공하고 부귀하게 된다。
* 종달새를 보면 한때는 실패하나 결국은 마음 먹은 사람과 결혼한다。
* 거울을 줏으면 두여자를 얻는다。
* 밭을 갈든지 보면 마음 먹은 사람과 결합된다。
* 달이 물에 비치는 꿈을 보면 혼담 실패한다。
* 개똥벌레를 보면 마음 먹은 일이 안되고 색정으로 고민한다。
* 해가 서서히 뜨는 것을 보면 미인을 얻는다。
* 별이 날고 떨어지는 것을 보면 연애 문제로 고민한다。
* 뱀이 사람을 쫓는 것을 보면 돌아 섰던 여인이 다시 돌아 온다。

*물차를 보면 남자는 연상의 여자로 부터 사랑을 받고 여자는 연하의 남자로부터 사랑을 받고 귀하게 된다。

(5)임신하는 꿈、출산하는 꿈

*가지를 보면 남자아이를 얻는다。

*일식 또는 월식을 보면 여자 아이를 임신한다。

*잉어를 보면 임신한다。

*구슬을 손에 쥐면 반드시 임신한다。

*달이 품에 들어 오면 영리한 여자 아이를 임신한다。

*술잔을 보면 좋은 자식을 임신한다。

*토끼를 보면 길하나 처에게 자식이 없다。

*손에 돌을 들고 놀면 많은 자식을 둘 징조이다。

*물건을 안고 산에 오르면 좋은 자식을 얻는다。

(6) 논쟁 일어날 꿈과 친구를 얻을 꿈

* 개를 보면 좋은 친구가 생기고 개에 물리면 도리어 친구를 잃는다。
* 자식이 죽는 꿈을 꾸면 모든 논쟁이 수습된다。
* 바둑이나 장기를 두는 꿈을 꾸면 논쟁 또는 송사가 생긴다。
* 샘물이 넘쳐서 흐르는 것을 보면 가정 불화가 발생。
* 고통을 겪는 꿈을 꾸면 타인과 불화가 생긴다。
* 원숭이를 꿈꾸면 숨은 적이 있어 소송 사건이 발생。
* 바다나 강물이 역류하고 파도가 일면 부부 또는 친한 사람과 구설수가 생긴다。
* 홍수를 보면 큰 기쁨이 생긴다。
* 다른 사람과 같이 울면 경사가 생긴다。

*상복 또는 장례식을 보면 좋은 일이 생긴다。

*출산의 꿈을 꾸면 슬픈 일이 생긴다。

*청색의 의복을 보면 경사가 생긴다。

(7)여행 또는 가출 꿈

*꽃을 꿈꾸면 여행을 삼가하라。

*밭에 씨를 뿌리는 꿈을 꾸면 여행할 일이 생긴다。

*신발을 잃어버리는 꿈을 꾸면 가출의 우려가 있다。

*샘물을 길어 올리면 가출인이 돌아 온다。

*대문이 무너지면 하인 하녀가 가출 한다。

*활이나 총으로 사람을 쏘는 꿈을 꾸면 먼곳으로 여행 할 일이 생긴다。

(8)기다리는 소식 듣는 꿈

*집안을 청소하면 기다리는 사람이 온다。

* 우물을 내려다 보면 먼곳에서 소식이 온다。
* 이별하는 꿈을 꾸면 슬픈 일이 생긴다。
* 배를 타고 술을 마시는 꿈을 꾸면 귀한 손님이 온다。
* 잠자리가 줄지어 날으는 꿈을 꾸면 미인을 만난다。
* 꿈에서 종소리를 들으면 먼곳에서 소식이 온다。

제 7편 여행길에 필요한 비법

(1) 여행시의 비술

여행에 나서기 전에 여행중의 무사고를 빌기 위해서 다음과 같이 글을 써서 몸에 지니면 여행중 안전하고 이익을 얻어서 목적한 일이 성취 된다。

虫虫虫

空唸急如律令

(2)불길한 방향으로 여행하려 할때 불길한 방향 일지라도 다음과 같이 써서 몸에 지니고 다니면 안전하다。

口口口
口口口
鬼隐急如律令

(3)밤길의 안전을 위하여
밤길을 거닐때 복부에 힘을 주고 寅자를 손가락으로
쓰면서 가면 어떤 위험한 장소라도 안전하다。

(4)부부 화합하게 하는법
다음과 같이 써서 항상 몸에 지니면 부부 화합하고
가정이 편안하다。

和和
和和
鬼
口口口
隐急如律令

(5)구설을 없에는 예방법
남여간에 구설을 속히 제거하고자 하면 다음과 같이 백지에 써서 마음속으로 기원하면서 남이 모르게 방문 위에 붙일것。 염원은 口舌速滅逢行(구설속멸봉행)이라고 암송하면 된다。

月日月日月日
月日月日月日
喼急如律令

(6) 12개월의 비법

(1월)

*매일 아침 소금물로 입을 씻어내면 감기에 안 걸린다。

*발을 씻을때 미지근한 물에 소금을 타서 발을 씻으면 각기(脚氣=다리가 붓고 잘 걷지 못함)에 안걸린다。

*떡갈나무 열매를 술에 넣어 마시면 간사한 기운을 물리친다。

*1월의 붕어의 머리에는 독소가 있으므로 음식으로 먹으면 안된다。

*寅일과 寅시에는 아무 일도 안된다。

(2 월)

*이달 상순 丙일에 목욕하면 그해에는 감기를 모른다。

*이달 卯일 卯시에는 아무 일도 안된다。

*이달 상순 10일내에 壬일이 들어 있으면 흙을 떠서 벽에 바르면 가업이 번창한다。

(3 월)

*배추 꽃을 이불 밑에 넣어두면 벼룩이 오지 않는다。

*복숭아 잎을 음달진데서 말려서 아침마다 복용하면

가슴앓이 병을 고친다。

*이달중 辰일 辰시에는 아무 일도 안된다。

(4 월)

*닭의 생고기를 먹으면 골저병에 걸리니 먹지 말것。

*이달의 미꾸라지에는 독이 있으므로 먹지 말것。

*이 달의 巳일 巳시에는 아무 일도 안된다。

*巳일 처녀가 꽃씨를 심으면 그 꽃이 아름답다。

*이 달의 국화 줄기를 다려 마시면 백약이 무효하다。

*戌일에 냉수로 피부를 씻으면 종증(腫症)이 안난다。

*午일 午시에는 아무 일도 되지 않는다。

(5 월)

*양의 고기를 먹으면 탈이 나고 재수운이 불길해진다。

*이 달의 子일은 언쟁을 주의하고 인내심이 필요하다。

*이 달의 丑일은 부부언쟁、사기와 손재를 주의하라。

*바다 생선인 복을 먹으면 혈관이 약해진다。

*장마뒤 물에 목욕하면 피부가 거칠어진다。

*이달 未일이나 寅일에 출생한 사람은 머리가 영리하다

*이달 未일 未시에 계약하면 덕을 본다。

*午일이나 戌일에 결혼하면 길하고 자손이 출세한다。

(6월)

*더위를 마셨을 때는 길에 있는 뜨거운 흙을 배꼽 위에 놓으면 곧 효과가 있다。

*가지를 태워서 먹으면 복통에 좋다。

*이달 未일에 결혼하면 부부 풍파를 당한다。

*未일 未시에는 아무 일도 안된다。

(7 월)

*丑일에 부자집 마루 밑의 흙을 가져와서 솥두껑에 바르면 그집은 반드시 번창한다。

*칠석날 남여간에 사랑을 하면 그해에 이별수가 생긴다。

*土일에 팥 7알을 먹으면 치아가 튼튼해진다。

*申일 申시 남여 사랑은 피할 것。만약 임신을 하면 그 자식은 도적이 된다。

(8 월)

*임신하였으면 계을 먹지 말것。

*그늘진 곳의 물을 먹지 말것。반드시 각기(다리가 붓고 마비되여 잘 걷지 못하는 병)에 걸린다。

*酉일 酉시에는 아무일도 손대지 말것。손해만 생기고 이득은 없다。

(9월)

* 戌 방위에 목침베게에 木火土金水라고 쓰고 물水자를 위에 얹어 戌일에 땅에 묻으면 화재의 난을 면한다。
* 구기자 술을 마시면 무병 장수한다。
* 국화의 화분을 먹으면 뱃속의 기생충이 없어진다。
* 戌일 戌시에는 아무 일도 안된다。

(10월)

* 亥일에 떡을 먹으면 모든 액을 쫓는다。
* 팥을 그늘에서 말려서 삶아 먹으면 입술이 푸르게 되는 것을 고친다。
* 이달 亥일에 돼지 고기를 먹으면 종기가 생긴다。
* 亥일 亥시에 가출하면 불의의 재난을 당한다。

(11월)

*子일에 죽을 먹으면 병적으로 노하는 것을 고친다。

*子일에 쑥뜸을 하면 무슨 병에도 효과가 있다。

*생선의 뼈를 태워서 먹으면 홍역을 안한다。

*子일 子시에는 아무 일도 성사가 안된다。

(12월)

*월초의 丑일에 대문을 만들면 도난을 예방한다。

*丑일에 머리를 감으면 병이 안생긴다。

*丑일 丑시에 소원을 빌면 성취된다。

*丑일 丑시에 시작하는 일은 무슨 일이든지 마음 먹은 대로 성취된다。

제8편 종 합 부 작

(1) 병과 악귀 퇴치부

집안에 우환이 자주 생길때 3장의 부적을 경면주사로 써서 병자 몸에 1장 지니고 1장은 현관 문위에 붙이고 1장은 병자의 침실 문 위에 붙인다.

(2) 사주내의 화개살 소멸부

사주에 화개살이 있으면서 화개살이 되는 년에 이 부적과 상신수호부 1장과 소원성취부 1장을 써서 붉은 헌겁으로 주머니를 만들어 넣어서 몸에 항상 지니고 다닌다.

無量壽閣

(3) 호랑살(=고독하게 되는 살) 소멸부

사주에 호랑살이 있을때 호랑살이 되는 년에 부작을 1장 쓰고 상신수호부와 소원성취부를 함께 써서 적색 헌겁 주머니에 넣어서 지니고 다니면 호랑살이 작용을 못한다。

(4) 단명살 소멸부

사주에 단명살이 있는 사람은 이 부적을 2장 써서 1장은 태워서 물에 타서 마시고 나머지 1장과 소원성취부 상신수호부를 몸에 지니고 다니는데 3년을 연속적으로 하면 단명살이 해소된다。

(5) 제일 안택하는부=안택부

매월 가정에 안택(고사)을 지낸후 이 부적을 방의 숫자에 맞게 써서 각 방에 1장씩 붙이고 기도하면 효력을 얻는다.

(6) 상문、조객살부

상가에 갔다와서 병자가 생기면 이 부작을 1장 쓰고 귀신불침부 1장과 같이 몸에 지니고 현관 문위에 1장씩 붙이면 악운이 소멸된다。

(7)백호대살 소멸부

사주에 백호살이 있으면 백호살이 되는 년에 이 부적을 2장을 써서 1장씩 황색 주머니에 넣어서 바지나 웃옷의 양쪽 주머니에 지니고 다니면 큰 살은 피한다。

(8)축귀부(逐鬼=귀신을 쫓는 부)

집안에 사람이 꿈자리가 복잡하고 모든 일이 여의치 않을때 이 부적 1장과 상신수호부와 소원성취부를 써서 몸에 지니고 방마다 이 축귀부 1장씩을 써서 붙이면 길하다.

(9) 부부 불화시 사용부

큰 사건도 아닌데 부부간에 언쟁이 자주 있고 화목하지 못할때 이 부적 1장과 소원성취부、상신수호부 1장씩을 베게 속에 넣고 부부 각 3장씩 지니면 부부가 불화가 없어지고 합이 된다。

(부부 화목부)

혼인하여 사는데 부부가 화목하지 못하고 자주 싸움이 나서 서로 원망을 할때 이 부적을 작성하여 부부가 같이 가지고 다니면 화목하게 되는 부적이다。

(10)도화살=목욕살부

사주에 도화살=목욕살이 있으면 매년 정월 15일에 이 부적을 써서 몸에 지니고 다닐것。 3년 동안 하면 살이 해소되며 남여의 궁합에 있으면 3장을 만들어서 각 1장씩 몸에 지니고 침구속에 1장을 넣어둔다。 3년간 연속하여야 한다。

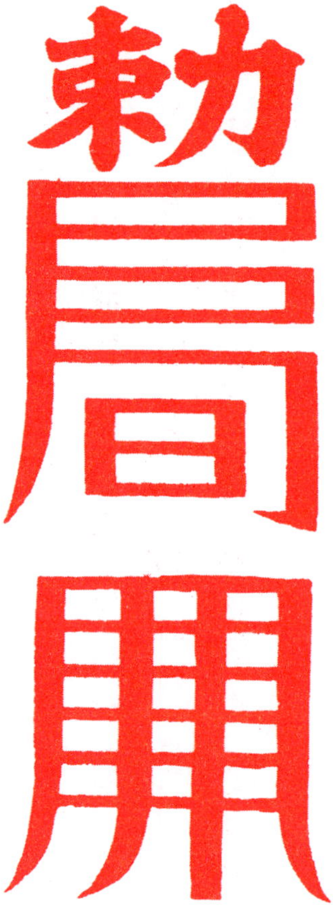

(11)대장군 소멸부

새로 지은 집 또는 기존의 집으로 이사를 갔는데 대장군 방이 될 때는 이 부적을 다섯 장 써서 집안의 동서남북 각 방향으로 한 장씩 붙이고 천장에 한 장을 붙이면 대장군살이 작용하지 못하고 소멸하게 된다。

(12)객사귀 소멸부

가족중에 객사한 사람이 발생했는데、육효로 보아 객사귀가 왔을 때에는 부적 세 장을 써서 한 장은 현관에 붙이고、한 장은 현관문 밖의 땅에 묻고、한 장은 아픈 사람의 몸에 지니면 된다。

(13)부부 화합부

부부중에 한쪽이라도 마음이 산란해 있으면서 다른 사람을 눈여겨 볼 때에는 부적 한 장과 소원 성취부와 상신수호부를 한 장씩 써서 몸에 지니고 다니든지, 각 한 장씩을 더 써서 부부가 같이 휴대하면 더욱 길하다.

(14)실패하지 않는 부

새로운 일은 시작했는데 되는 것이 없을 때、부적을 다섯 장을 써서 한 장은 사업장에 다른 네 장은 각 방향인 동서남북에 붙이면 된다。

(15)사업 번창하게 하는 부

가정이나 사업장에 재수가 있고、하는 일이 잘 되도록 하기 위해서 부적 세 장을 써서 한 장은 몸에 지니고、한 장은 사업장에 또 다른 한 장은 가정에 붙이면 길하다。

(16)묵는 삼재부

삼재가 묵는 해에 입춘일 입춘시에 이 부적 세 장을 써서, 한 장은 몸에 지니고, 또 다른 한 장은 현관에 붙이고, 나머지 한 장은 침실 방문 위에 붙이면 된다。

(17)양인살부

매년 신수를 보았을 때、양인살이 있는 운일 때에는 양인부 한 장과 관재부 한 장、상신수호부 한장 모두 세 종류의 부적을 붉은색 주머니에 넣어 몸에 지니고 다니면 양인살이 작용을 못하게 된다。

(18)삼형살부

매년 운을 볼 때 그 해에 삼형이 들었다면、삼형부 한 장과 관재부 한 장과 중상중복부 한 장 소원성취부 한 장씩을 써서 몸에 지니고 다니면 삼형살을 피하게 된다。

(19)아들 잉태하게 하는 부

부녀자가 자손이 없어 고민할 때、또는 딸만 많이 낳고 자식이 없을 때、효식부 한 장에 은도끼를 만들어서 부적과 같이 깔고 자는 침구에 넣고 부부 동침하면 아들을 잉태하게 된다。

(20)제 2 안택부

안택부 1을 사용하여도 별 효험이 없을 때에는 이 부적을 써서 1안택부 사용법과 같이 사용하면 가정에 안락을 찾을 것이다。

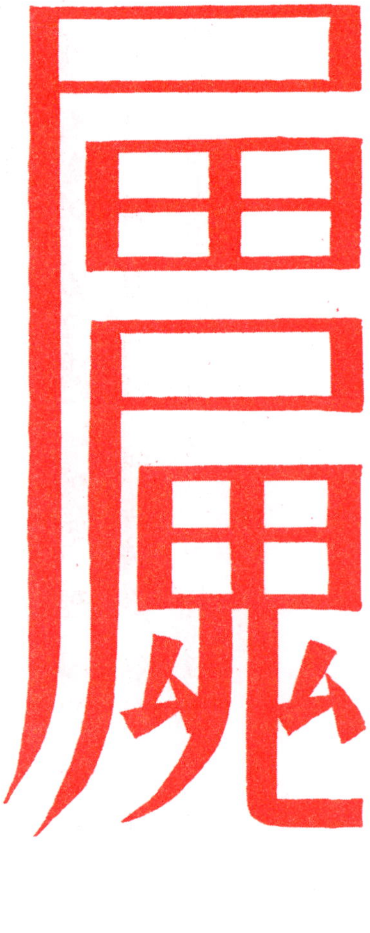

(21)겁살 소멸부

사주에 겁살이 있으면、매년 한 장씩 써서 몸에 지니고 다니되 칠 년간 연속하면 겁살이 해소된다。단 매년 입춘일 입춘시에 부적을 작성하여야 한다。

(22)망신살부

사주에 망신살이 있고 매년 신수에도 있을 때에는 망신부 한 장과 소원성취부 한 장、상신수호부 한 장 모두 세 장을 흰색 주머니에 넣어 몸에 지니고 다니면 망신당하지 않는다。

(23)백일 단명살부

을사일이나 을사시에 출생한 아기는 이 부적 한장을 써서 몸에 지니게 하면、살을 피하게 된다。

나이가 많은 사람이 백일살이 있을 때에는 백일살이 되는 해에 이 부적을 써서 몸에 지니면 된다。

(24)원진살부

사주에 원진살은 큰 작용을 하지는 못하나 남녀 궁합에 원진살이 있으면 부적 세 장을 써서 한 장은 남자에게 한 장은 여자에게 나머지 한 장은 깔고 자는 요속에 넣어서 생활하면 살이 작용하지 못한다。

(25)육해살부

사주의 각 궁에 육해살이 있으면 육해살부 한 장과 정토왕생부 한장을 써서 몸에 지니면 살의 작용을 피하게 된다。

(26)월살부

월살이 매년운에 있게 되면 월살부 한 장과 상신수호부 한장을 써서 몸에 지니게 되면, 살의 작용력이 없어진다.

(27)칠살부

사주에 칠살이 있으면 이 부적을 항상 몸에 지니고 부처님에게 자주 기도를 올리면 부처님의 가호로 백가지 악을 피하고 만사형통하게 된다。

佛供

(28)지살부

사주에 지살이 있으면 지살부와 소원성취부 한 장 그리고 상신수호부 한 장을 써서 몸에 지니거나 잠자는 요속에 넣어서 깔고 자면 길하게 된다.

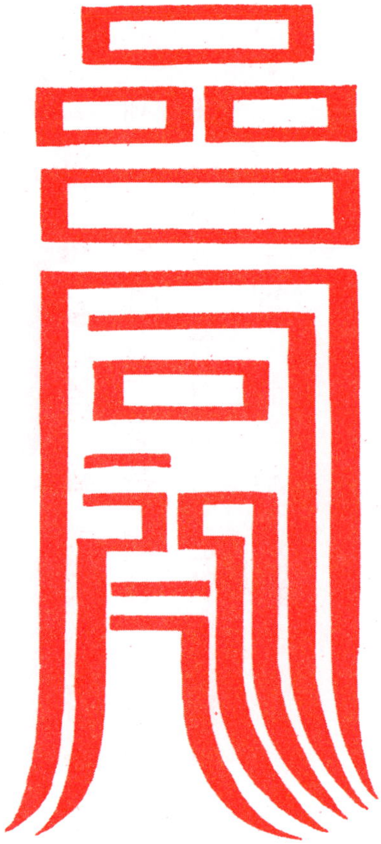

(29)토신 동토부

집수리를 했든지 신축을 한 후에 병자가 생기면 이 부적을 세 장 써서 한 장은 태워서 환자가 먹게 하고、또 한장은 잠자는 방문위에 붙이고、나머지 한 장은 대문 밑에 묻으면 된다。

(토신살부)

토신이란 흙 土 글자로 땅을 말하는데 땅에 탈이 나서 집안에 병고가 생기고 하는 일도 되지 않으면 이 부적을 그려서 흙을 다른 곳에 붙여 둔다。

(30)잡귀소멸부

매년 정월 5일에 이 부적 네 장을 제작하여 내실 동서남북의 네 방위에 각 한 장씩 붙여두면 잡귀가 침범하지 못하여 가운이 평탄하게 된다。

(31)일년 만액부

매년 정월 15일에 이 부적을 세 장씩 써서 한 장은 몸에 지니고 다른 한 장은 침실 문의 안쪽 위에 붙이고 나머지 한 장은 침실 밖에 붙이면 모든 액의 화를 당하지 않게 된다.

(32)木神(목신) 동토부

집을 고치든지 가정에 우연하게 병자가 생길때 이 부적 네 장을 써서 집의 네 방위에 한 장씩 붙이면 목신 동토가 해소된다。

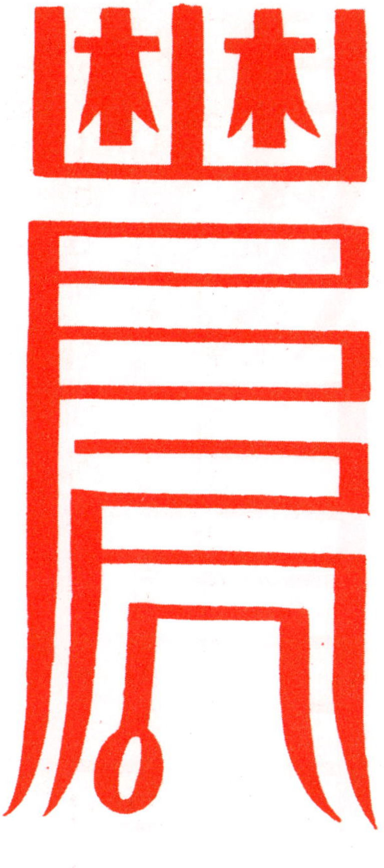

(33)만사 대길부

매년 입춘일 입춘시에 소원성취부 한 장과 만사 대길부 한 장과 초재부 한 장을 써서 붉은색 주머니에 넣어 몸에 지니고 다니면 뜻과 같이 만사 순조롭게 된다.

초재부는 150쪽 재물을 초대하는 재수대통부

(공덕부)

삶에 악인이 있고 공덕이 있는 사람이 있다 。누구나 공덕을 갖도록 하는 것이 인생으로 다시 환생할수 있고 좋은 곳으로 갈수 있다는 것이니 좋은 것을 찾는 이 부적을 몸에 지니면 대길하리라 。

(만사 성공부)

무슨 일을 해서 성공하여야 하는데 모든 일이 시작은 잘 되는데 꼬리가 없는 격이 되였을때 이 부적을 몸에 지니면 하고자 하는 일이 잘되고 소원데로 이루어지는 부적이다。

(34)일년 재수 대통부

하는 일이 잘 되지 않을 때에는 소원성취부 한 장과 상신수호부 한 장、그리고 재수 대통부 한 장을 써서 몸에 지니고 다니면 재수가 길하여 운수 대통해진다。

(35)도적불침부

영통신서나 유년보감 등에서 매년 운을 본 후에 도적수가 있으면 이 부적을 세 장씩 써서 한 장은 침실 문위에 붙이고 다른 한 장은 몸에 지니고 나머지 한 장은 현관문 위에 붙이면 된다。

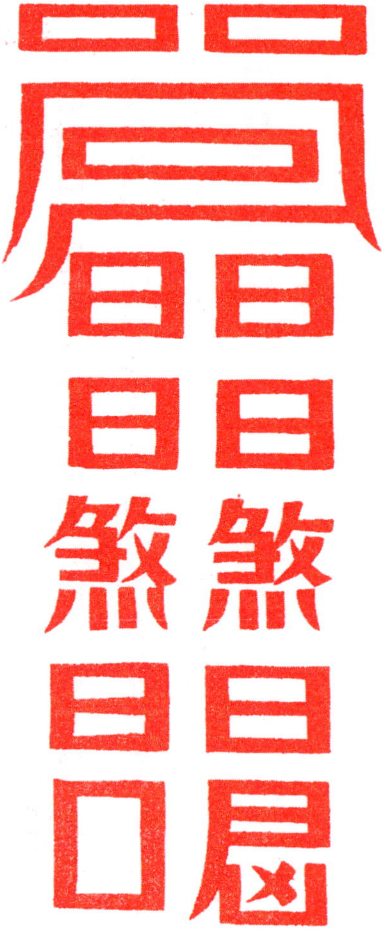

(36)수액예방부

유년보감이나 영통신서에서 水로 인해서 피해를 입을 신수이면 상신수호부와 소원성취부 그리고 수액예방부 각 한 장씩을 써서 몸에 지니고 다니면 수액을 예방하게 된다。

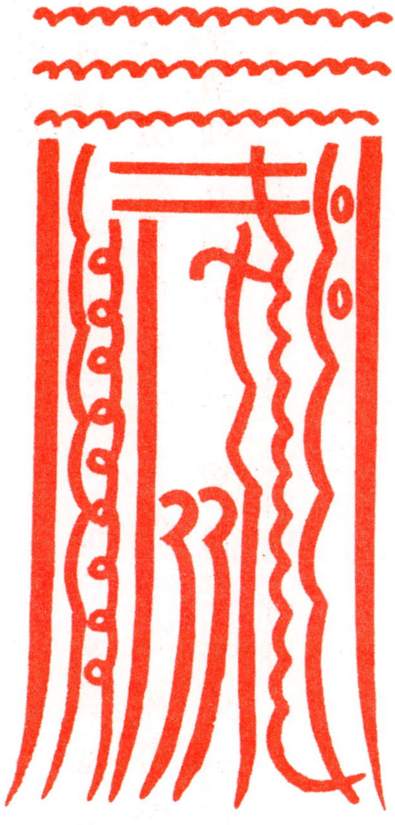

(37)신축가옥 재수 있게 하는 부

신축한 집이 속히 팔리게 하고 싶을 때에는 이부적과 재수부 한 장과 각각의 성을 경면주사로 백 글자 써서 계란 한개를 싸서 현관문 밑에 집 주인의 절체일에 묻으면 속히 집의 매매가 이루어지게 된다。

(38) 교통사고 예방부

일년운을 보았을 때、재수 없고 교통사고 등의 악운이 있을 때에는 사고무액부 두 장을 작성하여 한 장은 몸에 지니고 또 다른 한장은 베개 속에 넣어 항상 잠잘 때 사용한다。그리고 상신수호부 한 장을 써서 문 위에 붙여두면 교통사고 횡액수를 면한다。

(39) 나만이 사랑을 받게 하는 부

부부간의 사랑을 독차지 하고 싶을 때에는 부적을 두장 써서, 한 장은 베개 속에 넣어 사용하고, 나머지 한 장은 본인의 몸에 지니면 된다。그러나 짝사랑하는 경우에는 상대자의 생년월일을 부적 옆에 기재하여 몸에 지니면 상대편에서 응해 온다。

(40)급재수 있게 하는 부

빠른 시일에 재수가 있도록 할려면 재수대통부 한 장과、급재수부 한 장을 써서 노란 헝겊에 싸서 오른쪽 주머니 속에 넣어가지고 다니면 재수가 있어 뜻을 이루게 된다。

제 9편 특수 예방 부적법

(1)눈병 낳게 하는 법

눈에 핏줄이 어리며 눈이 아플때나 또는 자주 눈다래끼가 생기면 이 부적 세 장을 써서, 잠자는 방문 위에 붙이고, 한 장은 태워서 먹고, 나머지 한 장은 몸에 지니고 다니면 된다.

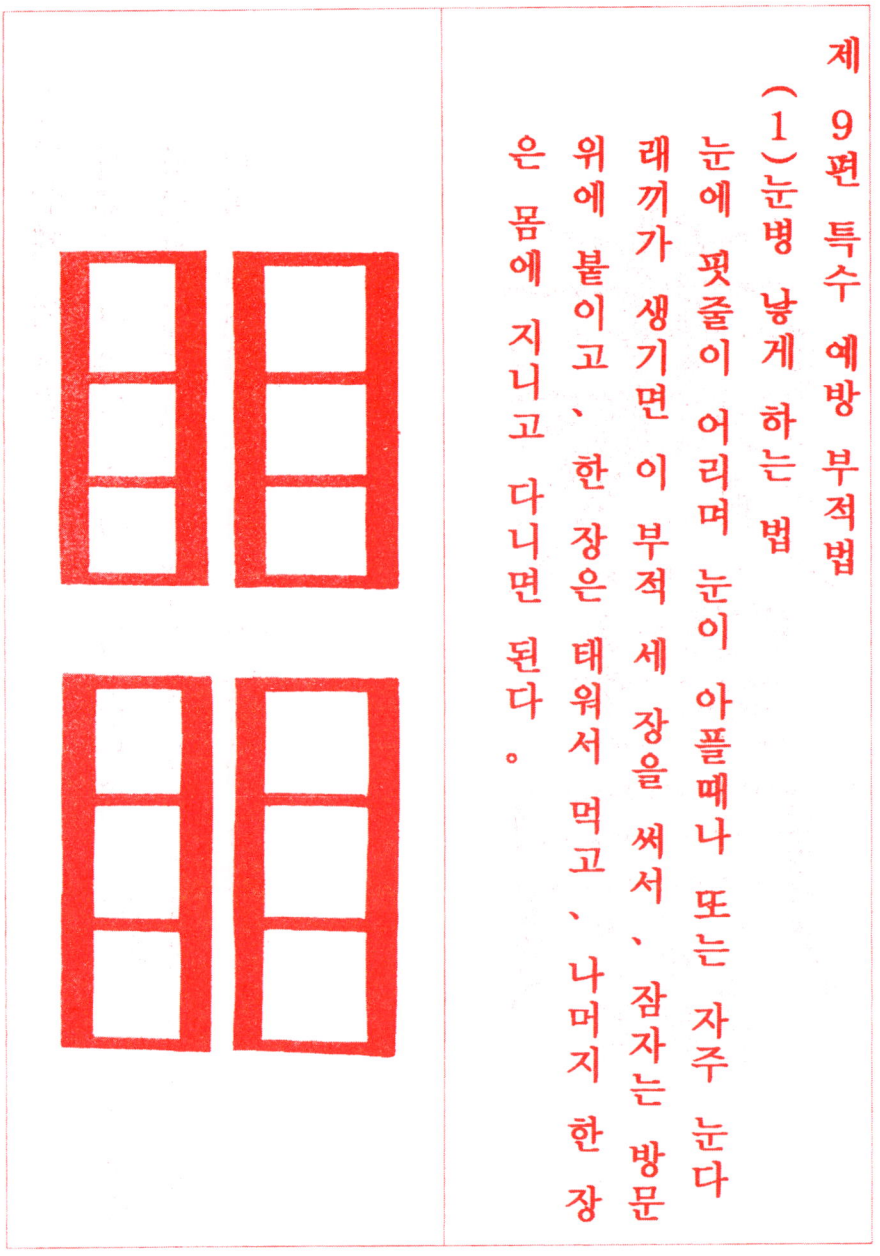

(2) 출삼재 예방법

삼재가 나가는 운에는 이 출삼재 부적 두 장을 써서 유년보감에 있는 초재부 한 장과 합하여 지니고 다니면 삼재가 소멸되어 순탄하게 된다.

(3) 입 삼재부

삼재가 드는 운에 여기의 입삼재부 세 장을 쓰고 유년보감에 있는 삼재부 세 장을 써서 문위의 안과 밖에 두 장씩 붙이고 나머지는 몸에 지니고 다닌다

(삼재부)

인생은 누구나 10년후에는 오는 법인데 들삼재와 묵삼재 날삼재에 모두 쓰는 부적이며 소원성취부와 상신수호부를 함께 사용하여야 한다.

(4) 관재구설 예방법

관액이 침범하여서 심신이 산란할때 유년보감에 있는 삼형육해살 부적 한 장과 관재구설부 한 장을 써서 푸른색 주머니에 넣어 몸에 지니고 다니면 관액을 면하게 된다.

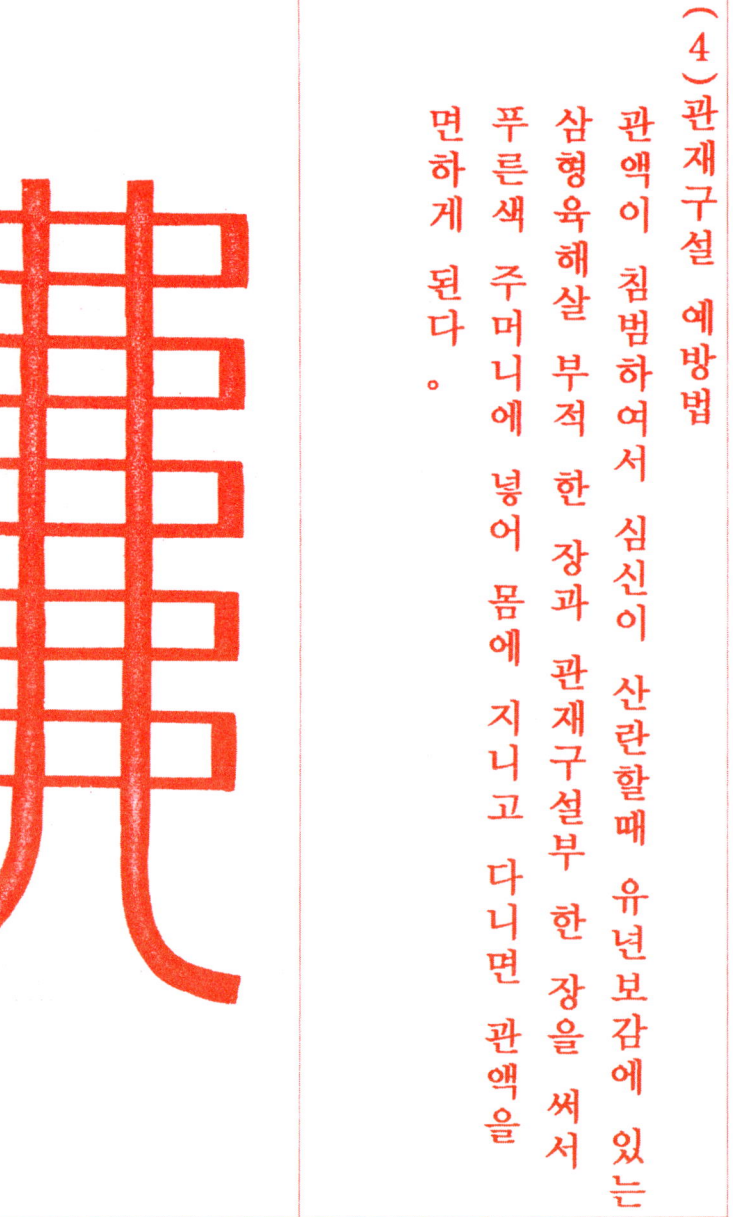

(관재 소멸부)

일년 운을 보다 보면 관재가 온다는 운이 있고 또는 관재가 올것 같은 일이 발생할때 이 부적을 지니고 있으면 관재를 면할수 있는데 상신수호부와 소원성취부를 함께 사용하라。

(5)이사 동토법

새로 집을 짓거나 전세나 월세 등으로 이사를 한 후에 가족중 질병을 자주 앓게 되거나 하는 일이 실패를 하게 되고 집안이 우울하게 되면 이사동토의 탈이므로 부적을 네 장 써서 동서남북 사방에 한 장씩 붙여두면 동토로 인한 피해를 면하게 된다.

(6)대장군 예방법

유년보감에서 대장군법을 안 연후에、대장군에 해당하는 방위에다 본 대장군 부적을 한 장 써서 붙여두면、가정이 온화해지고 이사를 가서도 여기의 대장군 부적을 붙이면 된다。

(7) 대장군 동토 잡는 법

모든 가족이 이사간 후에 자주 체하든지 열병이 자주 집안에 발생하면 대장군 동토이므로 이때는 본 부적 한 장과 유년보감에 있는 악귀불침부 부적 한 장을 써서 문 위에 붙이면 된다。

(8) 백병 치료 예방법

백약을 써도, 병원에 가서 치료를 받아도 낫지 않을 때에는 이 부적을 아홉 장 작성하여 칠일에 걸쳐서 한 장씩 태워 복용하고, 두 장은 몸에 지니고 있으면 병이 낫게 된다.

(치매부)

나이가 들면 누구나 올수 있는 고질병인데 치매가 오면 헛소리를 잘하고 앞뒤를 모르는 순간의 일이 생기게 되는데 이럴때에 몸에 지니는 부적이다.

(9) 축귀(逐鬼=귀신을 쫓는) 하는 법

무서운 꿈을 꾸었던지, 혹은 집안에 각종 장농 등의 가구에서 뚝뚝하는 소리가 날 때에는 본 부적을 세 장 써서, 한 장은 소리나는 곳에 붙이고, 한 장은 현관문 위에 붙이고, 나머지 한 장은 내실의 문위 안쪽에 붙이면 귀신이 도망을 간다.

(사마부)

집에서 잠을 잘려고 하는데 어디선가 딱、뚱 등의 소리가 들리는듯 하면 터주신의 발동이므로 집터가 강하다는 뜻이니 이 부적을 써서 동서남북에 붙이면 멈추게 되리라。

(10)중상 중복부=상문살 처치부

초상집이나 제사집에 다녀와서 구토를 한다거나 열이 나거나 한기를 느끼면、본 부적 7장을 써서 한 장은 대문앞 밑에 묻고、한 장은 베개에 넣고 나머지 다섯 장은 매일 한 장씩 태워서 냉수에 타서 복용하면 된다。반드시 경면주사를 사용하여야 한다。

(악귀퇴치부)
이 부적을 몸에 지니고 다니면 상문살、조객살 등도 면하고 이사갈때 동토의 탈이나 살방위의 탈이나 각종 귀신의 탈도 눌러주는 부적이다。이 부적을 집에 붙여두고 몸에 지니면 초상집에 가도 탈이 없다。

(11)악처 자퇴부

본처가 첩 때문에 고민할 때에 본 부적을 한 장 써서 쥐수염 3개와 고양이 수염 3개를 부적에 싸서 남자의 웃옷속에 몰래 넣어주면 3개월 이내에 첩이 떨어지는데、약할때는 칠일마다 다시 해 주면 백발백중이다。

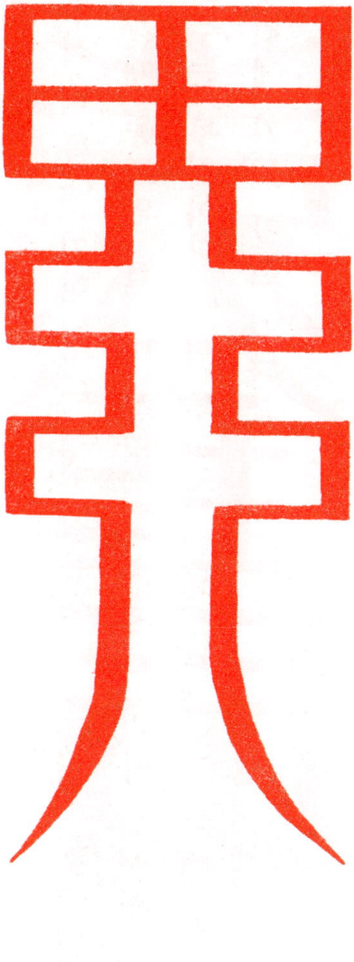

(12) 남편 바람 안피우는 법

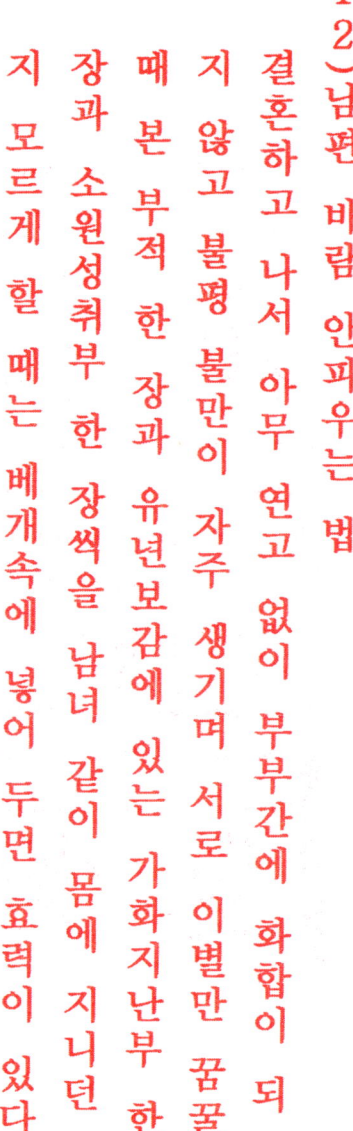

결혼하고 나서 아무 연고 없이 부부간에 화합이 되지 않고 불평 불만이 자주 생기며 서로 이별만 꿈꿀 때 본 부적 한 장과 유년보감에 있는 가화지난부 한 장과 소원성취부 한 장씩을 남녀 같이 몸에 지니던지 모르게 할 때는 베개속에 넣어 두면 효력이 있다

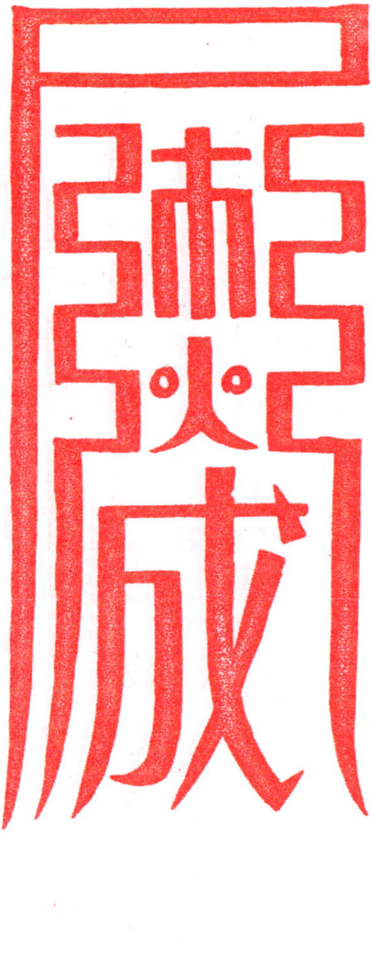

(13)쟁토왕생하는 부

새로 집을 지으려고 할 때 대지 기초공사 하기 삼일 전에 본부적 다섯 장을 작성하여 동서남북 사방의 모서리 밑에 한 장씩 묻고 중앙에 한 장을 묻었다가 건축을 시작하면 재수가 길하게 된다.

(14)수명 장수 하는 부

운명확인 사주비전 등에서 단명한 사람은 본 부적을 백 장 작성하여 백일간 깔고 잔 후에 부적을 태워 버리고、삼년을 연속하고 나면 15년은 명을 더 연장 할 수 있다고 한다。

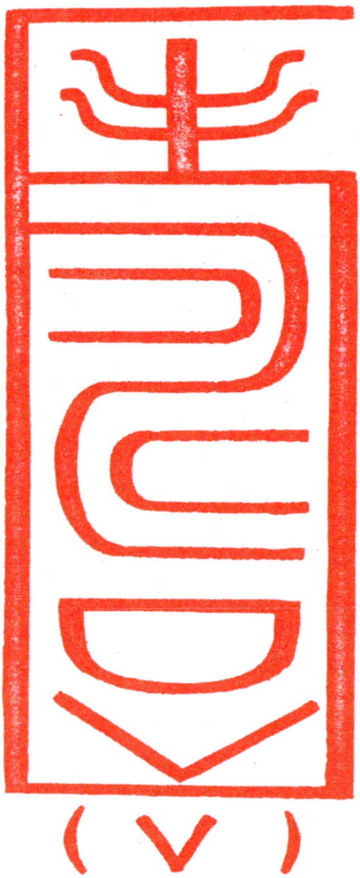

(15) 개가 땅을 파는 곳에 묻는 부

집에서 기르는 개가 땅을 파면 주인이 사망한다고 한다. 주인의 죽음을 면할려면 본 부적을 한 장 써서 개가 땅을 파는 곳에 묻으면 악운을 모면하게 된다.

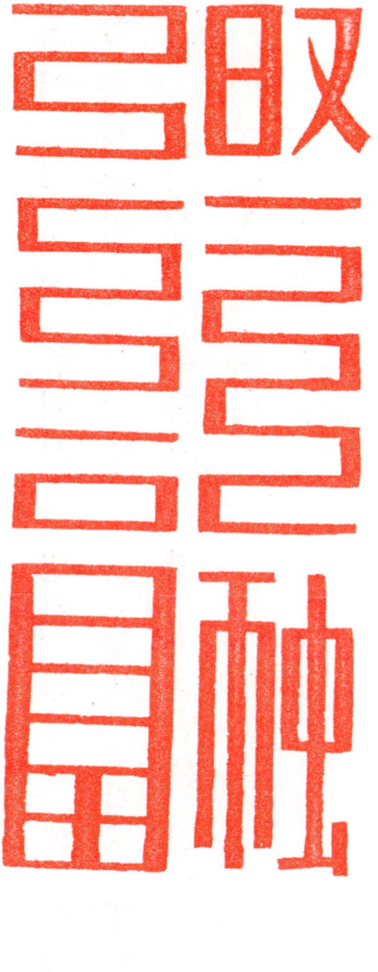

(16)승진 합격하는 법

승진이나 고시、학교 진학 등의 시험을 칠 때에는 본부적 한 장과 유년보감에 있는 문학입신부 한 장과 재수지부 한 장을 작성하여 붉은 천으로 주머니를 만들어 몸에 지니고 시험을 치르면 합격한다。

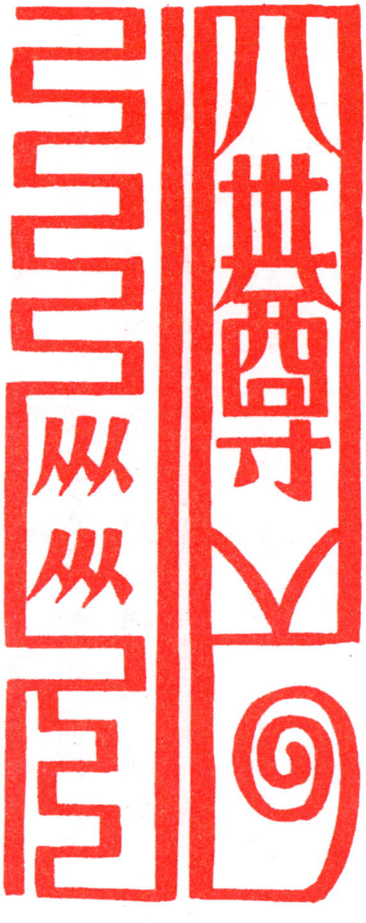

(17)화재를 예방하는 법

매년 운세를 보아서 화재운이 있을 때는 반드시 본 부적을 다섯 장 작성하여 사방에 한 장씩 붙이고, 한 장은 주방에 붙이면 화재를 예방할 수 있다. 특히 상신수호부 한 장을 문 위에 추가하여 붙이면 더욱 좋다.

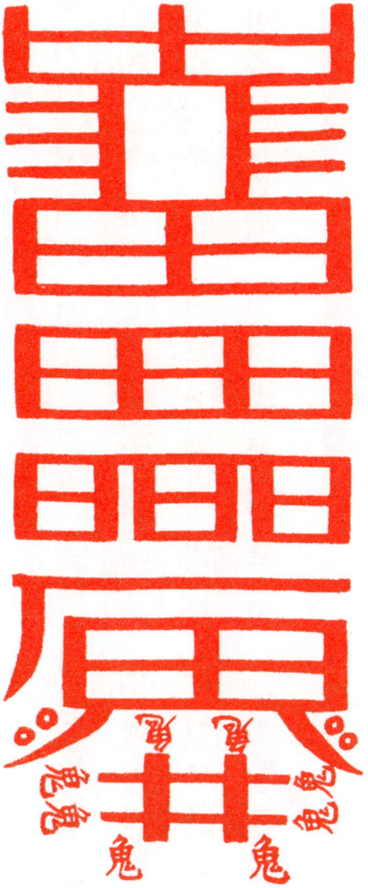

(18)부처님을 친견하는 법

역학을 하는 사람 또는 만신 보살님들이 높은 신을 만나보고 싶은 마음이 있을 때 백일간 본 부작을 몸에 지니고 만나고 싶은 신의 생각을 마음 속으로 꾸준히 하면 꿈에 나타나서 문의 할 것이다。

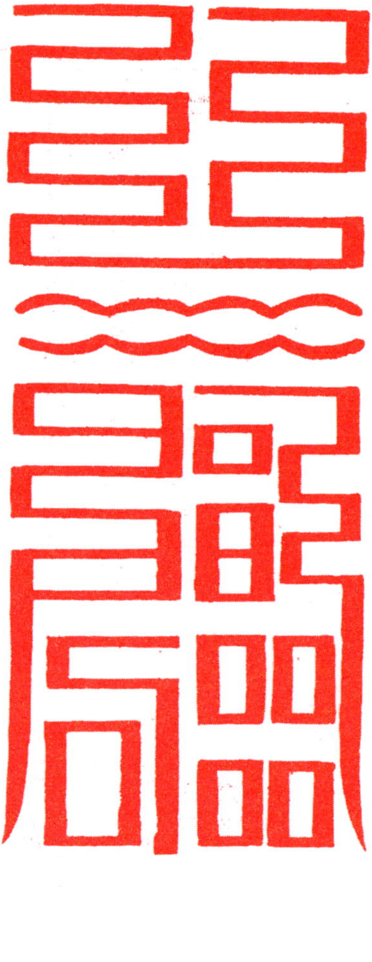

(신령부)

이 부적을 지니고 산에 가면 산신의 도움이 생겨서 탈이 없고 무서운 생각이 줄어든다。마음속으로 "산왕대신" 을 부르면서 산에 가는 것도 좋을것이리라。

(도통부)

누구나 마음을 안정시키고 이 부적을 몸에 지니면 산신을 만날수 있고 산신과 뜻이 같이 되여 산신처럼 미래를 알수 있는 사람이 될수 있는 부적이다.

(19)지옥을 파하는 부

매년 운을 볼때 교통사고 또는 횡액수가 있다고 유년보감에 기술되어 있을 때 반드시 본 부적 한 장과 유년보감 흉악살부 한 장을 써서 노란 주머니에 넣어 몸에 지니고 다니면 악운을 면하게 된다.

(20)순산하게 하는 법

산모가 어렵게 고통을 느끼고 몸이 너무 피로할때나 낙태하기 쉽다고 판정이 될 때에는 본 부적을 작성하여 한 장은 태워 먹고 한 장은 몸에 지니고 있으면 순조롭게 아기를 순산하게 된다.

(21)해산 하기 어려울 때 태워먹는 부적
산모에서 아기가 반은 나오고 있는데、나오지 않는다든지 또는 다리부터 나올것 같다고 생각이 될 때 즉시 부적을 한 장 작성하여 태워 먹으면 어려운 고비를 넘기게 된다。

(22)타인이 나의 비밀을 폭로하지 못하게 하는 법

죄를 지었는데 다른 사람이 나의 비밀을 폭로할까봐 두려울 때 본 부적을 한 장 쓰고、소원성취부 한 장을 써서 푸른 주머니에 넣어 몸에 지니면 예방이 된다。

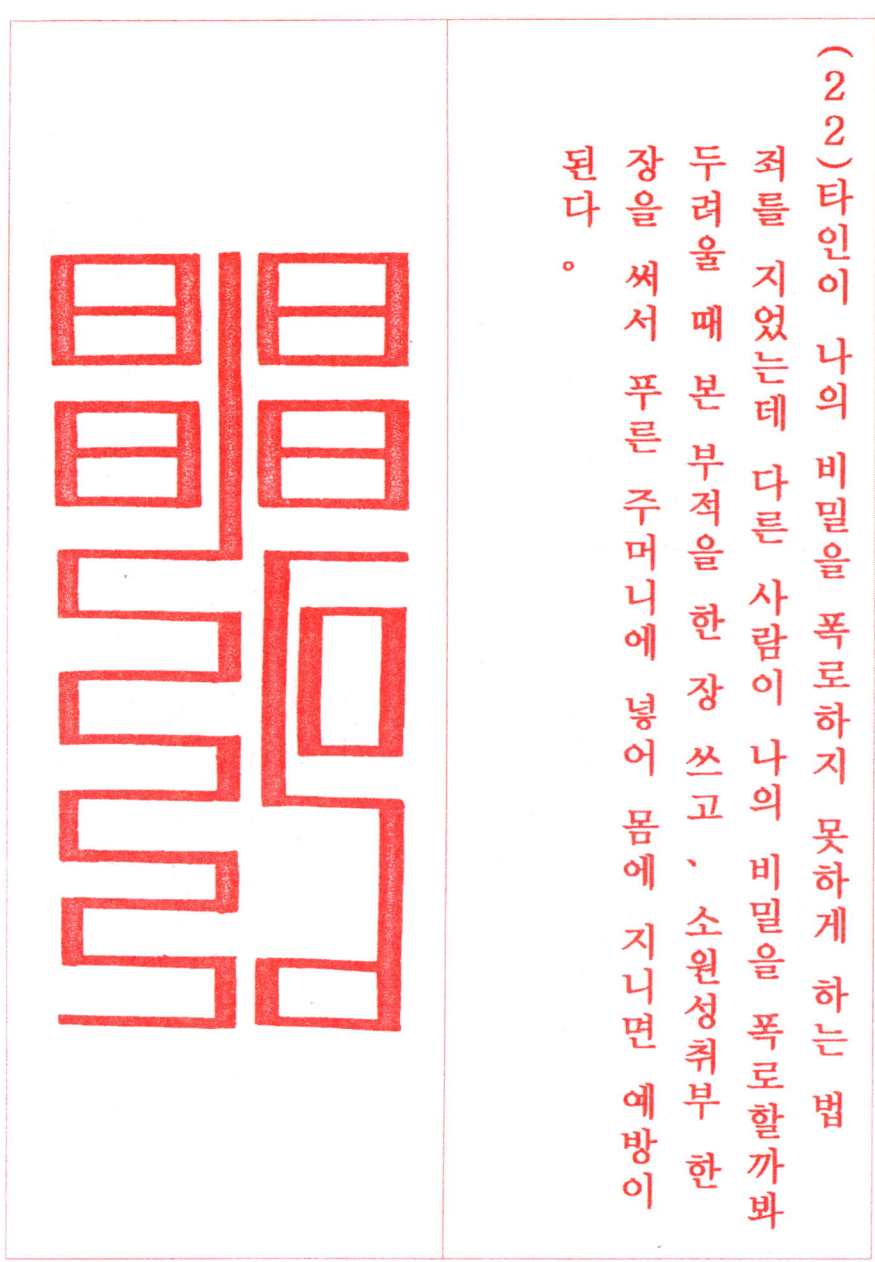

(23) 년중 잡귀 멸하는 법

매년 1월 5일에 본 부적을 5장 써서 사방에 한 장씩 붙이고, 한 장은 천정의 중앙에 붙여두면 1년 내에는 잡귀로 인하여 보는 피해를 면하고 상신이 와서 도와주므로 재수있다고 한다。

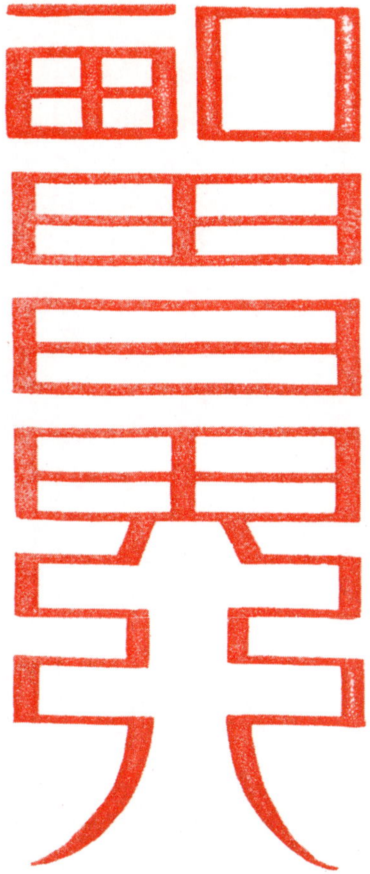

(24)죄 면하고 성불하는 법

나이가 많아 사후에 좋은 곳으로 가고 싶을 때에는 죽기전 65세 이후부터 본 부적을 써서 항상 몸에 휴대하고 있으면 죽은 후 성불한다고 한다。그러나 3년 이상 본 부적을 몸에 간직하여야 된다。

(25)형액을 면하는 법

법적으로 죄를 짓고 불안하여서 마음이 초조할 때 본 부적을 한 장 쓰고、유년보감에 197페이지의 관부 1장과 203페이지 암시부를 한 장씩 작성하여 붉은 주머니에 넣어 몸에 지니면 악을 면한다。

(26)산모의 태가 속히 나오는 부

산모가 아기를 순산했는데 태가 나오지 않고 걸려서 애를 태울때 본 부적을 한 장 경면주사로 작성하여 태워서 물에 타서 먹이면 즉시 태가 나온다

(27)묘 탈 예방법

가택이나 묘를 다른 후 집안에 나뿐 일이 자주 생기면 본 부적을 작성하여서 흙을 판 곳에 부적을 묻으면 동토로 의한 피해를 면한다。

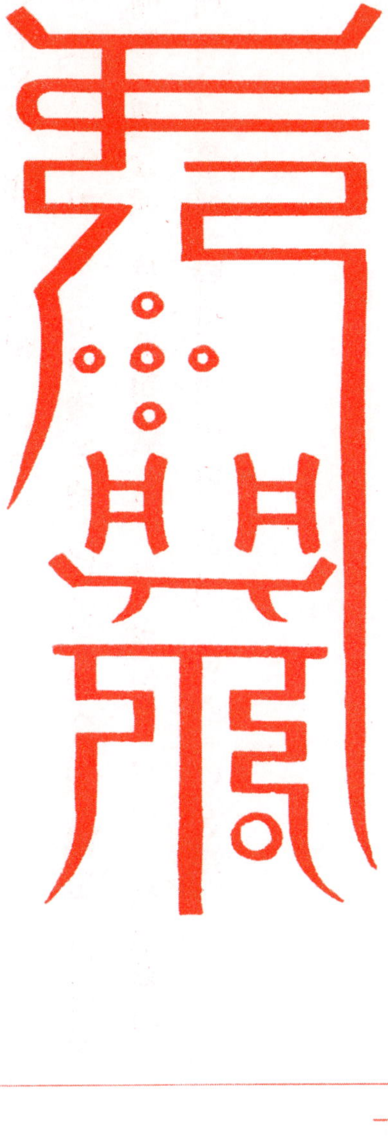

(묘탈부)

묘를 쓰고 장사를 치룬 후에 집안에 또는 장지에 해충이 나타나고 사람 눈에 자주 보인다면 현지가 나쁜 장소라는 뜻을 내포하고 있으니 이 부적을 그려서 그 곳의 땅에 묻던지 집안에 붙여 두면 피해가 없게 되리라.

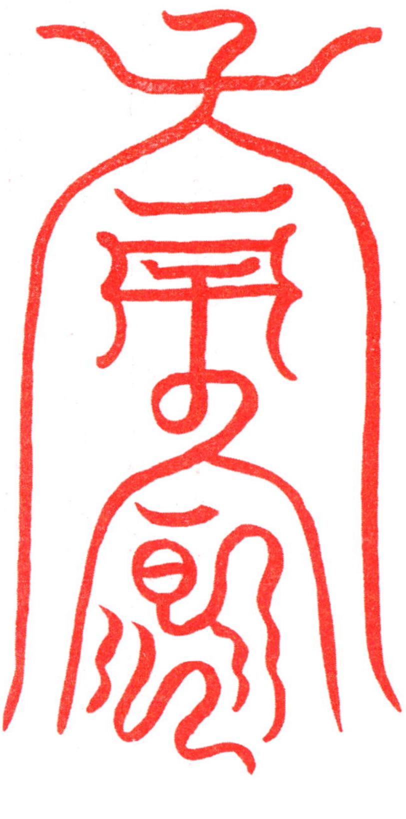

(28) 타인을 위해 성공을 소원하는 부남편이 시험을 볼 때 또는 자녀가 시험을 칠 때는 본 부적에 시험치는 사람의 생년월일시를 써서 몸에 지니고 있으면 타인이 성공하게 된다.

(29)벼락 및 감전 예방법

정월 15일에 본 부적을 세 장 써서 동서남 쪽에 부적을 각 한 장씩 붙이면 벼락 등의 피해를 면하게 된다.

(뇌성부)

여름의 장마 날씨에 뇌성 벽력이 자주 있을때는 이 부적을 몸에 지니고 다니면 벼락을 면할수 있고 교통사고 및 횡액수를 면할수 있는 부적이니 일년에 한번씩 몸에 지니면 좋은 부적이다。

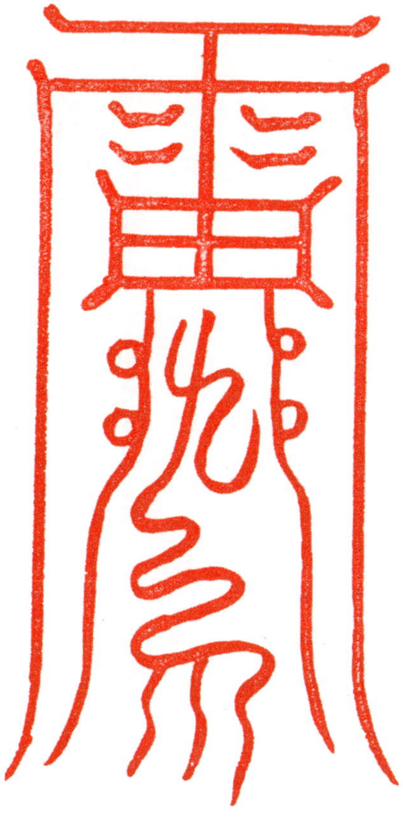

(30)열병을 피하는 법

매월 1일에 본 부적을 작성하여 문 위에 전 후에 각 한 장씩 붙이면 집안에 질병이 침범하지 않으며 집안에 길함이 많다。

(31)신에 탈로난 병 예방법

본 부적을 작성하여서 몸에 한 장씩 지니고 다니면 잡병이 침범하지 못한다.

(32)저악퇴거(諸惡退去=모든 악을 소멸) 시키는 법

본 부적을 다섯 장 써서 가정 사방에 붙이고 한 장은 내실 천장에 붙이면 집안이 평안하다。

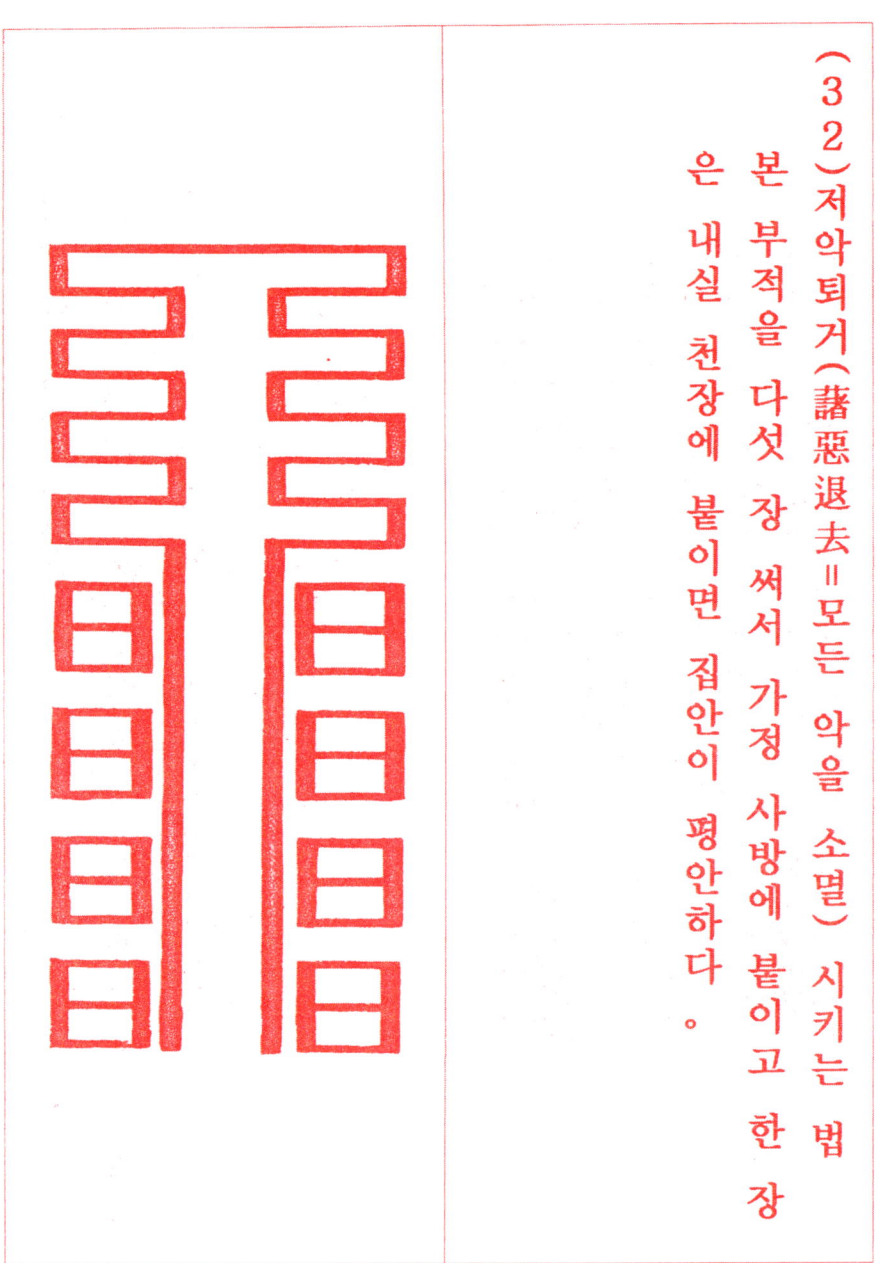

(33)삼재를 겸한 재수부

묵는 삼재일 때、본 부적을 한 장 써서 몸에 지니고 다니면 삼재로 인한 피해를 면한다。

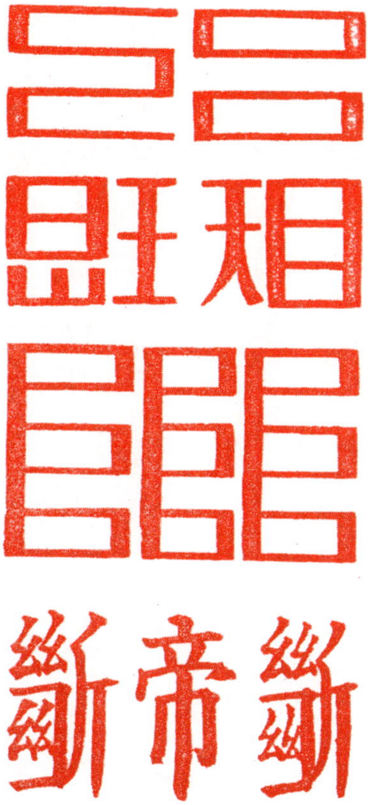

(34)지옥을 파하고 길운으로 전환하는 부

잡귀신이 들어와서 집안에 하는 일이 되지 않거나, 하는 사업도 부진할 때에는 본 부적을 써서 마당 한복판에 묻으면 재수가 들어 온다.

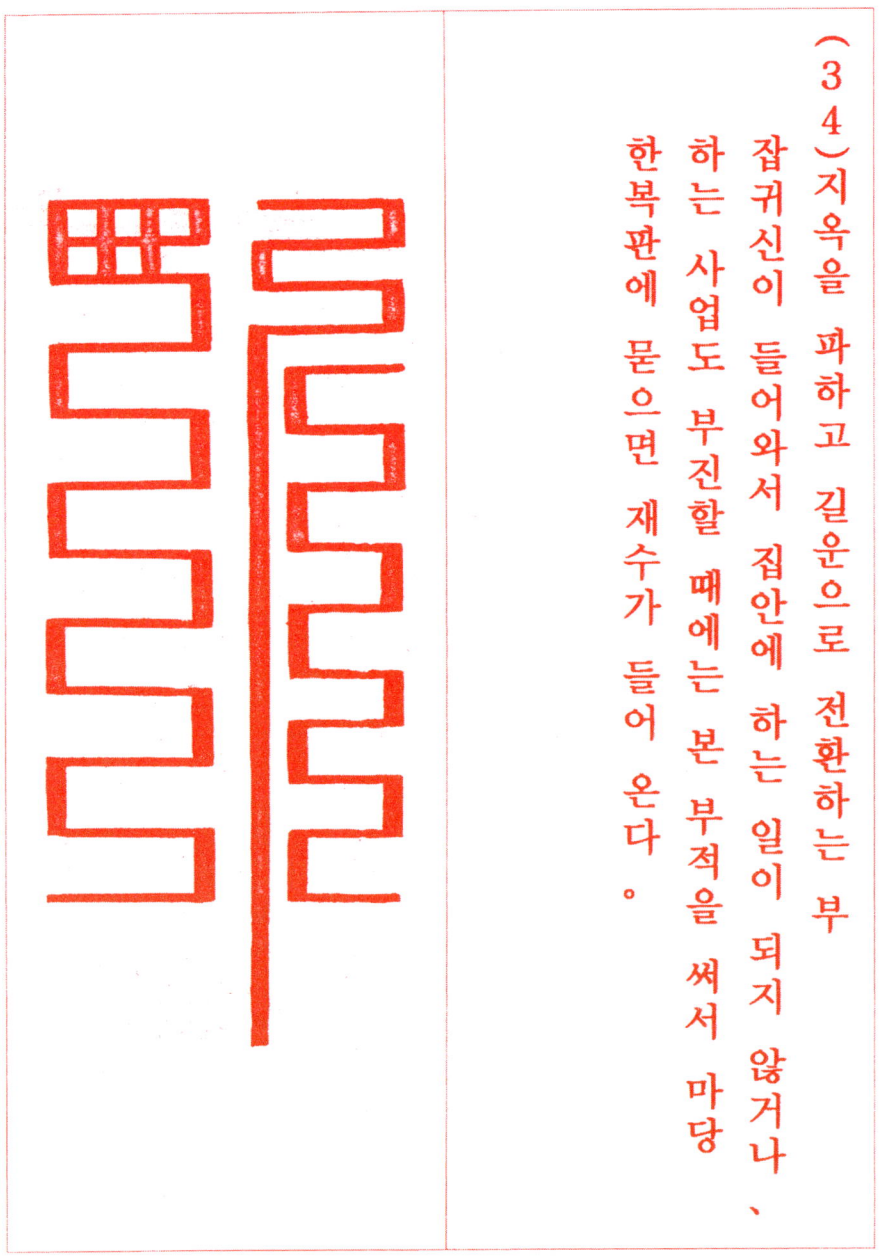

(35)가택을 평안하게 하는 부

집안에 우울증이나 모든 일이 잘 되지 않으며 집안에 병자가 많을 때에는 본 부적을 써서 문위에 붙이면 된다。

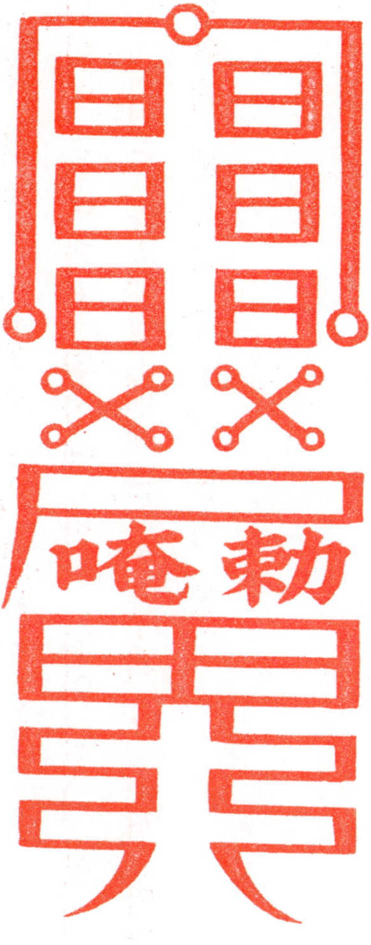

(36) 횡사귀 불침부

집안에 귀신이 침범하지 못하게 하는 부적이므로、집의 문위에 붙이면 모든 귀신이 침범하지 못한다。

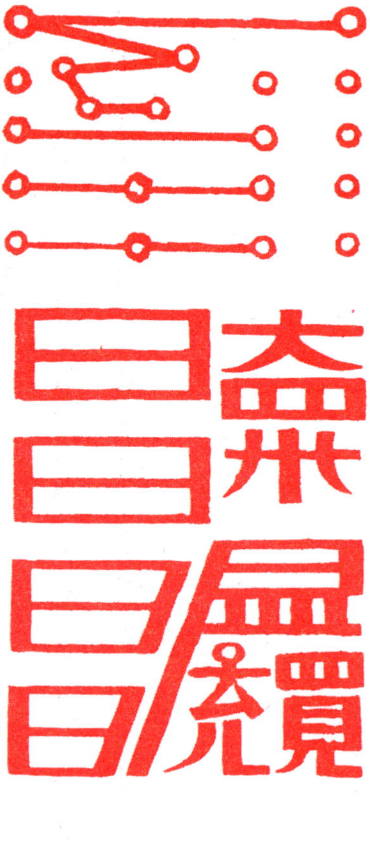

(37)집안에 귀신을 쫓는 부

귀신불침부(1)을 사용하여서 효력을 보지 못하였으

면 이 부적을 써서 사용하면 백발백중이다。

(38)오복(五福)이 오는 부

매년 부적을 써서 현관문 위의 전면과 후면에 한 장씩 붙이면 재수가 있다。그리고 한 장을 더 써서 몸에 지니고 다녀도 길하다。

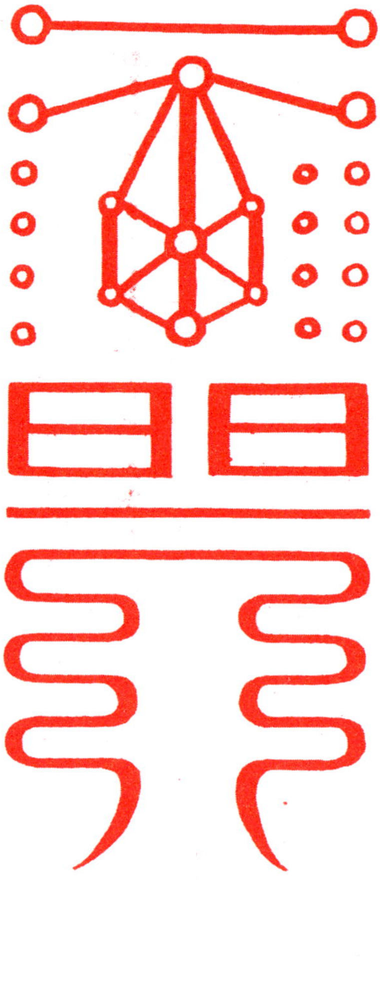

(39)도적을 못오게 하는 부

매년 운수를 보면 도적운이 있을 때가 있다。 도적이 집안에 들어 오지 못하게 하는 것으로 각방의 문위에 한 장씩 붙여두면 효력을 보게 된다。

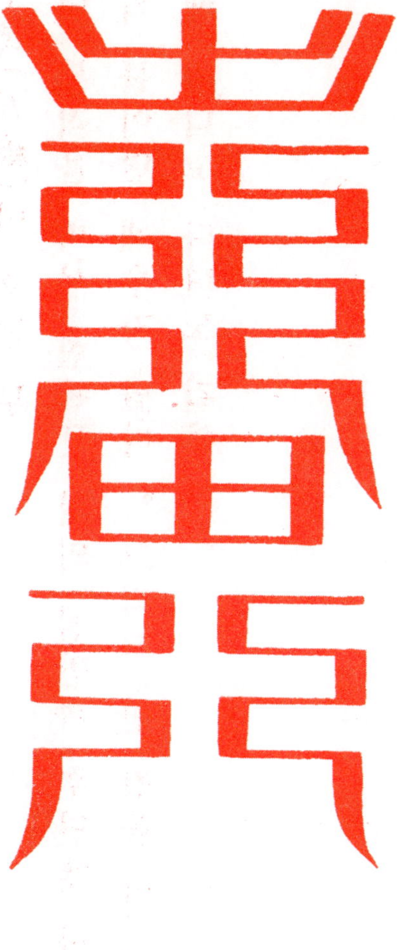

(40)송사 액을 면하는 부

관청에 소송 문제가 발생하여 불길할 때에는 본 부적 한 장과 상신수호부 한 장과 유년보감 홍왕부 한 장을 각각 작성하여 수첩에 넣어 다니면 액을 피하게 된다.

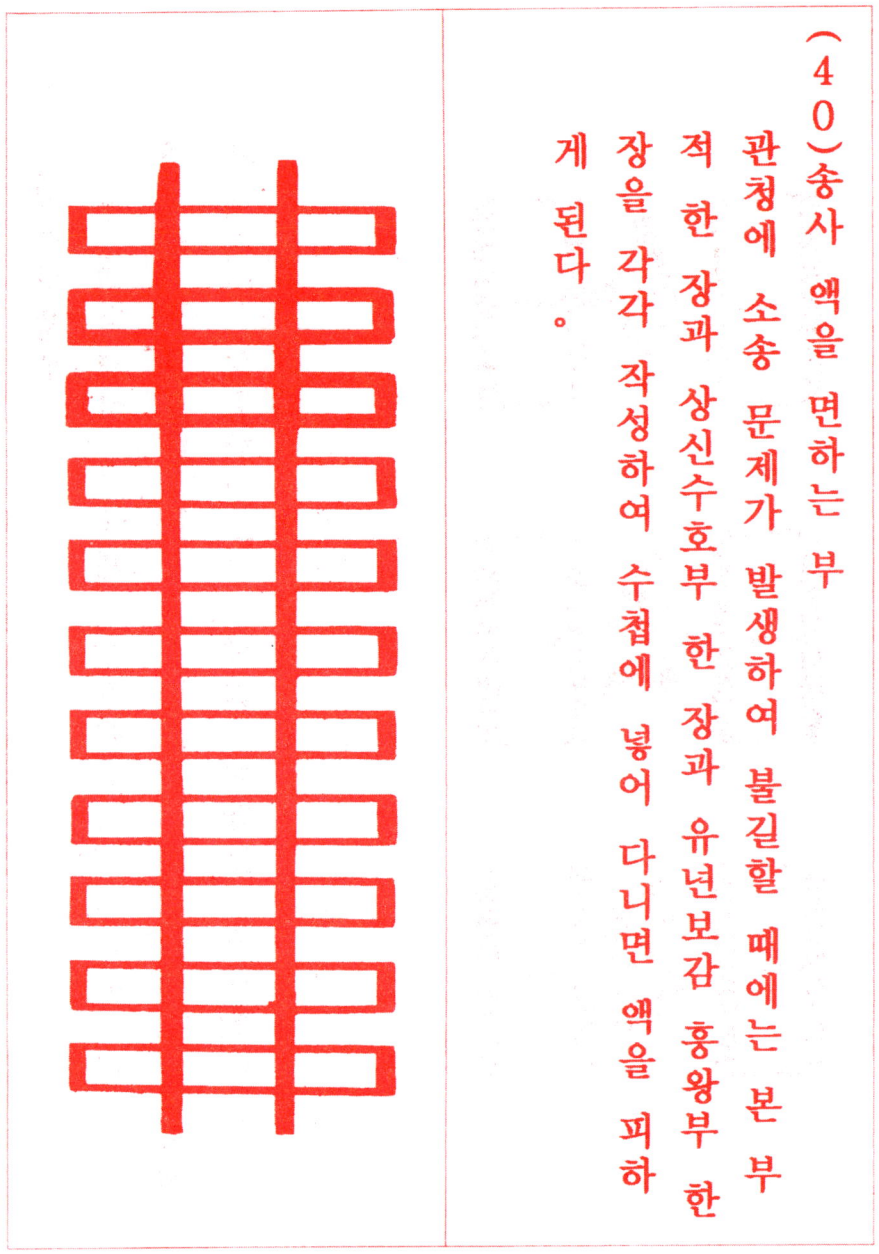

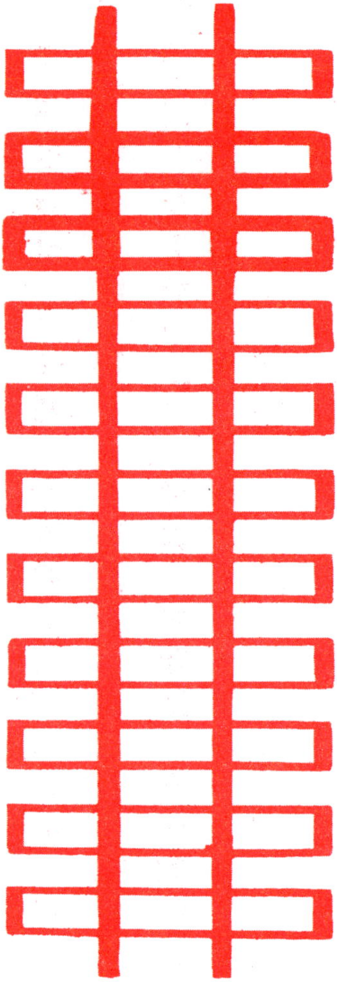

(41)쟁토왕생부

일상 생활에서 남에게 도움을 받고 웃사람 격으로 생활하고 싶으면 본 부적을 항상 세 장씩 작성하여 휴대하면 성공되리라。매월 교대로 휴대한다。

(42)상신수호부

높은 신의 도움을 받고 평화를 원하면 본 부적을 붉은 주머니에 넣어서 몸에 지니고 다니면 성공 된다。 모든 부적 작성에 함께 첨부한다。

(43) 모든 죄를 소멸하는 부
고의적이 아닌 실수로 인하여 죄를 범했다면 본
부적 세 장을 써서 한 장은 태워 먹고, 한 장은
몸에 지니고, 한 장은 침실 문 위에 붙여 두면
된다.

(면죄부)

사람이 언제 무슨 일을 당할지 모르고 살고 있는 것이 인생이다。그러나 이 부적을 몸에 지니고 살면 어떤 범죄도 물러가고 좋은 일만 오게 되는 부적이다。

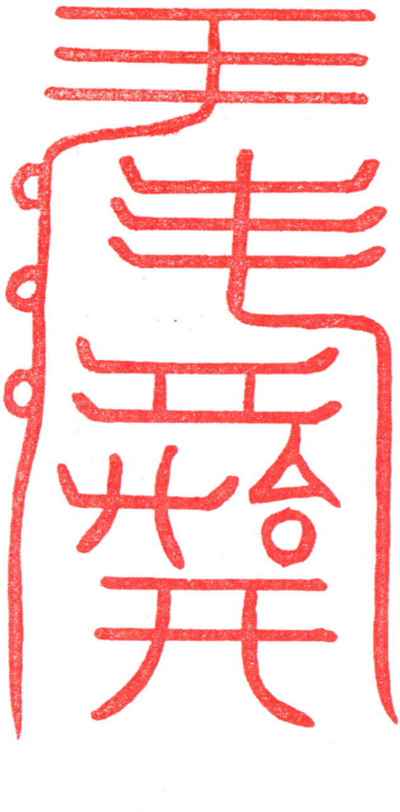

(죄소멸부)
사람은 누구나 죄를 한번쯤은 지을 것이다。이 부적을 몸에 지니고 다니면 모든 죄를 면할수 있고 모든 죄를 짓지 않으려고 노력하게 되는 부적이다。

(44)소원성취부

각종 소원을 성취할려면 본 부적을 써서 푸른주머니에 넣어 몸에 지니고 다니면 된다。

각종 부적 작성에 첨부한다。

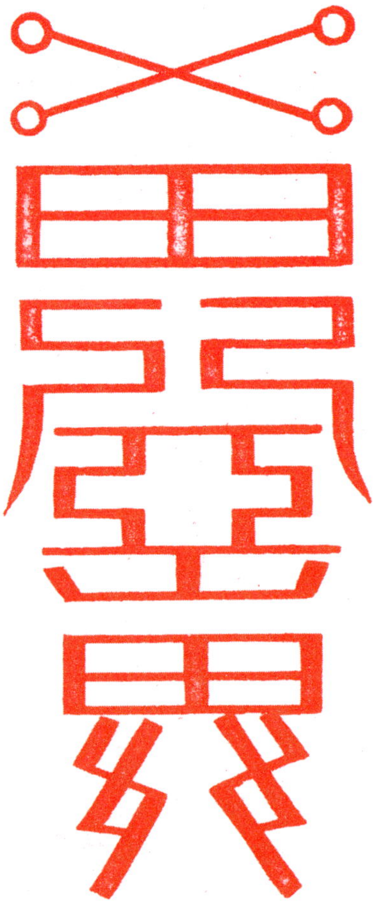

(소망부)

신규 사업을 시작할때 앞으로 하는 일이 잘되여 성공하게 하여 달라는 부적으로 이 부적을 3장 작성하여 1장은 몸에 지니고 1장은 가게에 붙이고 1장은 옷장 속에 넣어 두고 일을 하면 소원이 성취된다는 부적이다.

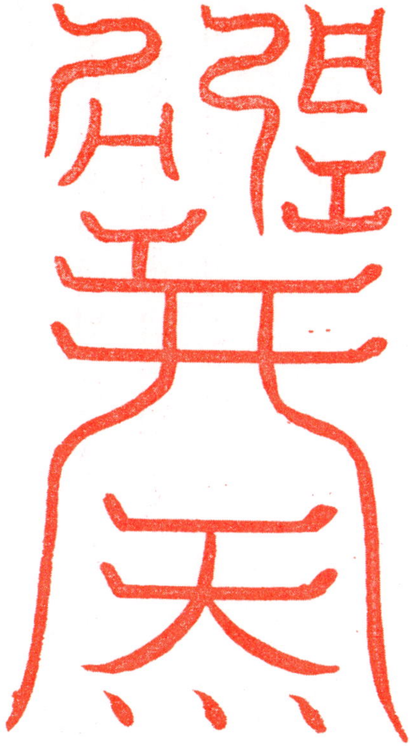

(45)부부 자손 화합되는 부

가정에 부부 자손이 서로 뜻이 맞지 않을 땐 식구수와 방수를 계산하여 수대로 부적을 써서 방마다 붙이고 식구마다 한 장씩 몸에 지니면 된다.

(46)악귀가 출입 못하는 부
가정 방문마다 본 부적을 써서 붙여 두면 가정에
귀신이 침범하지 못한다。

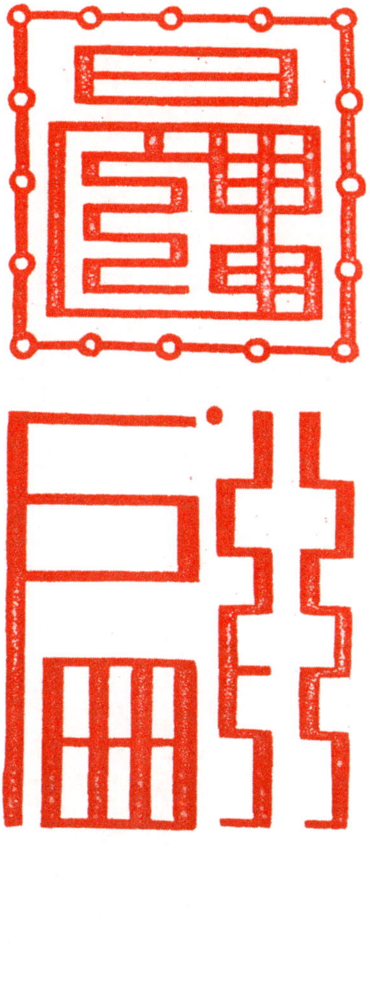

(47)삼살부

매년 삼살이 되는 방위에 본 부작 한 장씩 작성하여 붙여두며、삼살 방위에서 탈이 나면 혹은 이사를 삼살방으로 갔을 때는 방문 위에 붙여 주면 삼살액을 면한다。

(48)동방 삼살 예방부

매년 정월 15일에 부적을 써서 대들보 또는 천장에 붙여 두면 그 해의 집안에 악운이 못온다。

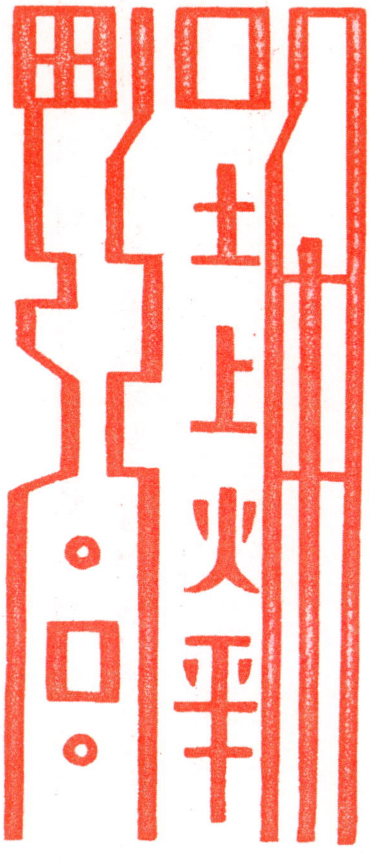

(49)서방 삼살 예방부

서쪽에 삼살이 들었다면 서쪽 벽에 부적 한 장을 붙인다。또는 삼살방이 서쪽인데 서쪽으로 이사를 했을 때 부적을 써서 집의 서쪽 벽으로 붙인다。

(50)남방 삼살 예방부

남쪽에 삼살방이 들면 본 부적을 작성하여 남쪽 방위의 벽에 붙여 두면 피해를 막을수 있다.

(51)북방 삼살 예방부

북쪽이 삼살방이 되면 부적을 작성해서 북쪽 벽에 붙여 두면 삼살로 인한 피해를 면한다。

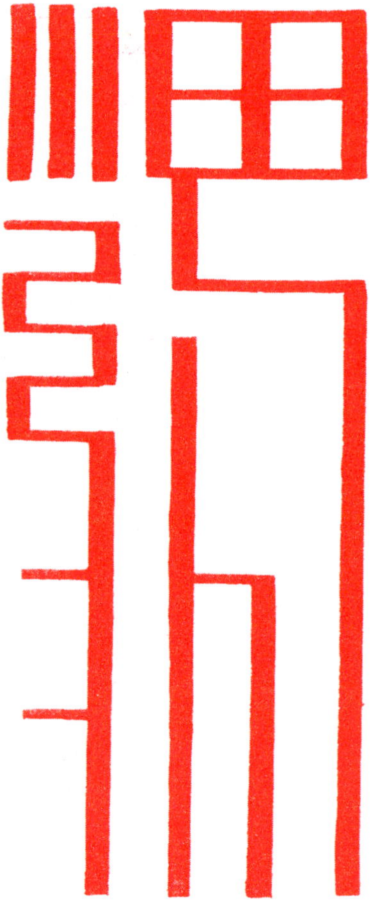

(52)강도 및 도적 예방부

도적불침부 한 장과 본 부적 한 장을 같이 붙여 두면 더욱 안전하게 도적을 면하게 된다.

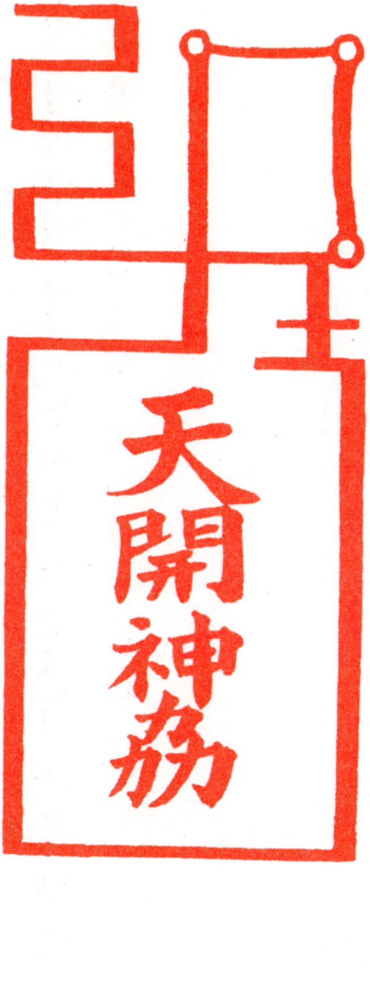

(53)입귀(入鬼)부

웃사람이나 슬하에 죽은 혼령이 집에 와서 괴로움을 줄 때에는 본 부적을 써서 방문 위마다 붙여 두면 집에 나타나지 못한다。

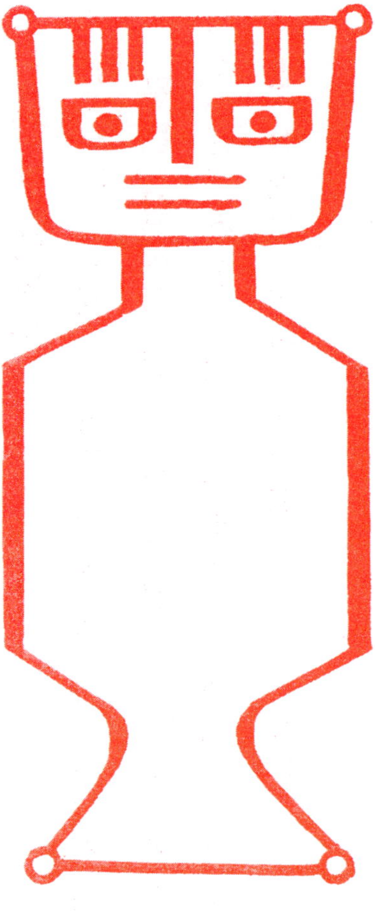

(54) 묵는 삼재 예방부

삼재는 드는 삼재와 묵는 삼재와 날 삼재가 있는데, 묵는 삼재가 되는 해에 본 부적 한 장과 상신수호부 소원성취부 한장씩을 써서 몸에 지니고 다니면 삼재로 인한 피해를 면하게 된다.

(55) 관액 예방부

관청구설이 와서 근심이 생기기 전에 관청구설이 있을 것이란 예측이 될 때에는 본 부적을 써서 방문 밖으로 붙이면 관액을 면하게 된다.

(56)대장군 예방부

대장군이 드는 방위나 또는 이사를 갔을 때 본 부적을 써서 내실문 위에 붙여 두면 악운을 면하게 된다.

(57)중환자 완쾌부

무슨 약을 써도 효력이 없을 때 본 부적 세 장을 써서、한 장은 태어서 먹고、한 장은 천장에 붙이고、나머지 한 장은 몸에 지니면 완쾌된다。

(58)백병 속취부

중환자용으로 사용해서 효력이 없을 때에는 백병액부를 사용하면 강력한 작용력으로 효과를 볼 것이다。

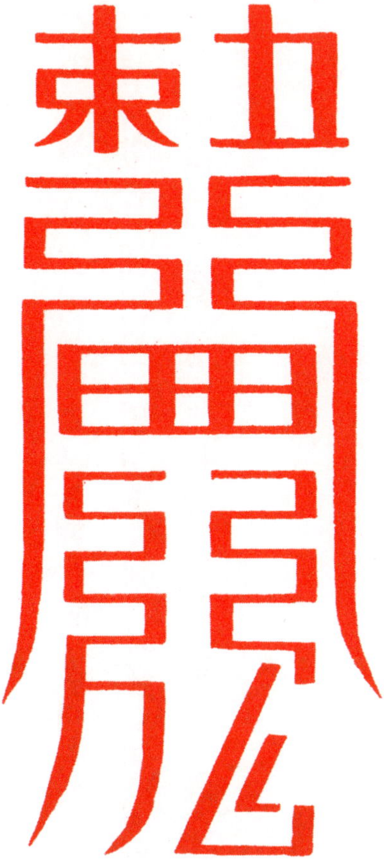

제10편 자신의 병을 알고 매일의 병을 아는 법

(1)연령별로 병을 아는 법 및 죽는 날 아는 법

甲 土 胃弱、乙 金 肺病、丙 水 腎孟、丁 未 肝血

戊 水右心臟、己 土 胃口、庚 金 肝氣、辛 水 腎管、

壬 木 肝氣、癸 水左心臟。

이상은 甲년생이 병이 나면 항상 위장병으로 인해서 병이 시작되고 乙년생이 병이 나면 폐가 나빠서 병이 시작된다는 식으로 해석하면 된다。

*병으로 죽는 날 아는 법

春(1、2、3월)절 戊일 己일 、夏절 庚일 辛일、秋절 甲일 乙일 、冬절 丙일 丁일 병을 얻으면 불길하다。

子년생이 午일이나 庚일에 병을 얻으면 대흉하고、丑년생이 丑일이나 酉일에 병을 얻으면 대흉하고、寅생은 庚辰申일에 병을 얻으면 대흉하고、卯생은 申일이나 亥일에 병을 얻으면 대흉하고、辰생은 午일이나 丙일에 병을 얻으면 대흉하고、巳생은 亥子辰일、未생 申辰未일、申생 戌寅卯일、酉생은 卯寅未일、戌생은 寅辰壬일、亥생은 巳卯일에 병을 얻으면 대흉하다。

병자는 앞의 글처럼 병을 얻었다면 즉시 병 부적을 사용하고 미연에 병을 물리치기 바란다。

(2) 명이부(鳴耳符)

주문을 외우고 부적을 쓴다。

天之神光地之神 光日月神 光耳邊身 光呪聞耳聞呪

천지신광지지신 광일월신 광이변신 광주문이무주

聞耳光神通 又耳速至 傍急急如九天玄女律令攝

문이광신통 우이속지 방급급여구천현여율령섭

앞의 주문을 외워 독송하고 경면주사로 부적을 써서 웃옷에 지니고 다니면 7일안에 효력을 보게 된다。급히 귀가 멍하고 잘 들리지 않을 때나 귀병인 사람은 자주 사용하라。

(3) 一일 언은 병 예방부

주문은 앞의 것으로 암송하면 된다。

東南길 위에서 언은 병인데、객귀가 딸려와서 두통이나 한열이 일어나게 한다。음식을 준비해서 동남쪽으로 40보 나가서 퇴청하고 부적을 써서 몸에 지니면 된다。

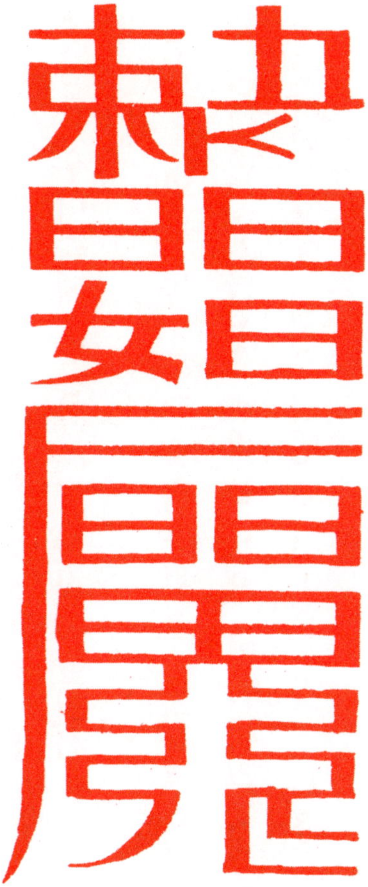

(4) 二일 병부

집안의 늙은 귀신의 탈인데, 춥고 열이 있게 되며 구토도 한다.

동남쪽으로 30보에 부적을 써서 가져다 버리면 된다.

(5) 三일 병부

북쪽에서 얻은 병으로 집안의 돌아가신 귀신으로 인해서 생긴 병이다。

북쪽으로 기도하고 부적을 태워서 먹고 북쪽 벽에 붙이면 된다。

(6) 四일 병부

동북쪽에서 얻은 병으로 두통이나 광난이 난다。 부적을 태워서 먹고 동북쪽으로 50보 간 곳에서 퇴송하면 대길하다。

(7) 五일 병부

木신의 탈이다。

동북쪽으로 퇴송하라。

남쪽에서 탈이 났으니 부적을 써서 남북에 붙이면 된다。

(8) 六일 병부

木신의 탈인데 머리둥에 통증이 나며 사지를 쓰지 못한다。

부적을 써서 방문 위에 한 장씩 붙이고 동쪽으로 40보 가서 퇴송하면 된다。

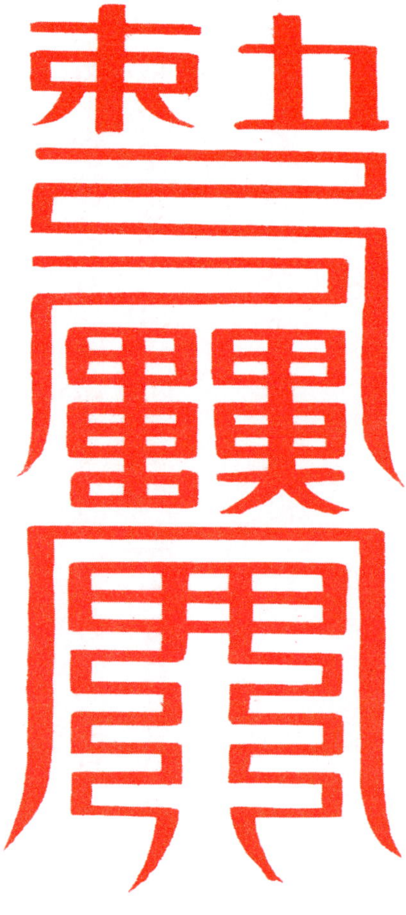

(9) 七일 병부

土地(토지) 家神(가신)이 발동해서 늙은 노모의 귀신도 왔다 구토와 한기도 오게 되니 동북쪽으로 30보 나가서 퇴송하면 대길하다。

부적 한 장은 태워서 먹으면 된다。

(10) 八일 병부

사지가 무력하고 설사 많고 음식 맛이 없다。

土신 발동이니 동북쪽으로 기도하고 부적을 붙이면 된다。

(11) 九일 병부

친가 또는 작은 부인의 귀신이다。

사지가 무력하고 구토가 난다。

북방 벽에 부적을 써서 붙이면 된다。

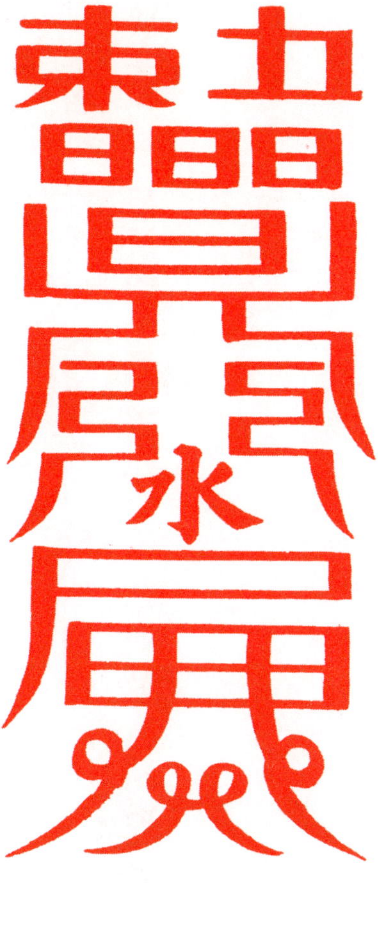

(12) 十일 병부

심신이 황홀하며 선친의 분묘 탈이다.
동쪽으로 기도하고 부적을 몸에 지니면 된다.

(13) 十一일 병부

부인 귀신의 탓이니 서남쪽 벽에 부적을 써서 붙이고、환자 몸에 한 장을 지니게 하면 된다。

(14) 十二일 병부

土신 가친(家親)의 산소탈이다.

사지가 한냉(寒冷) 증세인데 동북향으로 30보 가서 퇴송하고 부적 한 장을 태워서 먹으면 된다.

(15) 十三일 병부

친척이나 어린 동자 귀신의 탈로 음식을 못먹을 정도다 。

북방에 퇴송하고 부적을 써서 몸에 지니면 된다 。

(16) 十四일 병부
물이나 불로 인하여 죽은 귀신이 와서 음식에 독을 넣었다.
남향으로 30보 떨어진 곳에 퇴송하고 부적 한 장을 몸에 지니면 된다.

(17) 十五일 병부

친가(親家)의 귀신으로 인한 것이니 동남쪽으로 기도하고 퇴송하며 부적 한 장을 태워서 먹으면 된다。

(18) 十六일 병부

육친중에서 객사한 귀신의 탈이다。

서남쪽을 향해서 기도 드리고 부적을 사용하면 증세는 줄게 된다。

(19) 十七일 병부

어린 여자 귀신이 동서방에서 왔는데 춥다든지 덥다든지 변덕이 심하여 고생시킨다。부적 한 장을 태워서 먹고 서쪽으로 30보 나가서 부적 한장에 동전 다섯개를 싸서 버리면 된다。

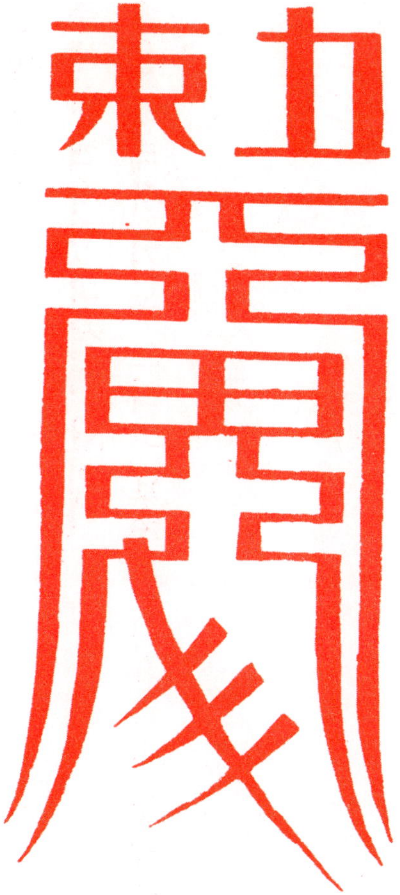

(20) 十八일 병부

밥을 지어서 방안에서 동남쪽으로 좌향(坐向)하고 제사 지내면 된다。 전신이 추운 중세이니 부적 한 장은 동남향에 붙이고 한 장은 병자가 몸에 지니면 된다。

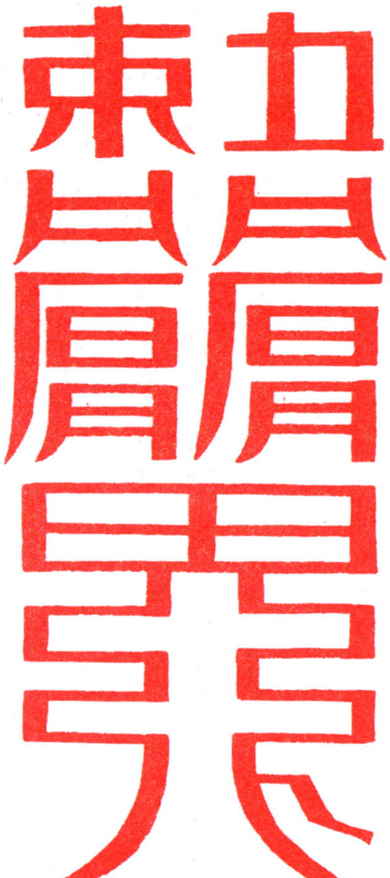

(21) 十九일 병부

미쳐서 죽은 귀신이 와서 춥다거나 덥다거나 구토를 하거나 땀이 많이 나면서 전신이 무겁다。밥을 지어서 부적과 같이 서방 쪽으로 30보 나가서 퇴송하면 된다。

(22) 二十일 병부

가친(家親)의 묘에 귀신의 탈로 병이 왔다 。구토증이 일어나며 팔다리를 쓰지 못하게 되는 증세인데 부적 한 장에 밥 한그릇을 동북간 50보에 퇴송하면 된다 。

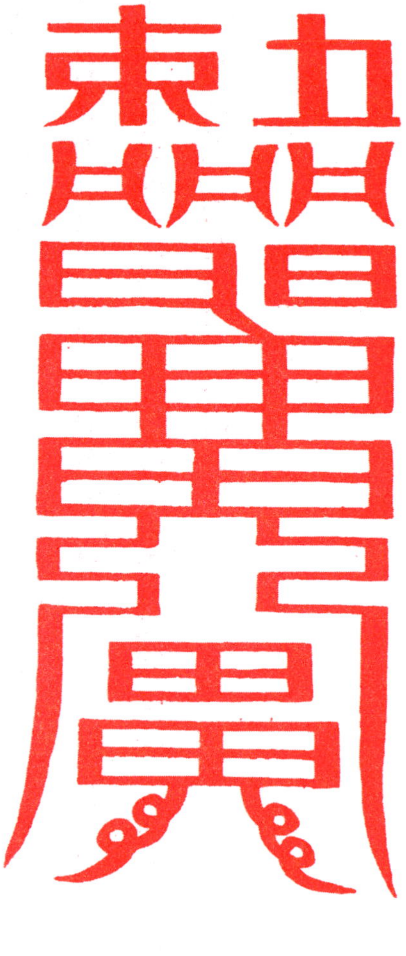

(23) 二十一일 병부
남자(집안의 형제 친귀) 귀신의 탈이며 、앉았다 일어나기를 곤란해 하며 음식탈로 시작되게 된다 。부적 한 장을 태워서 복용하면 된다 。

(24) 二十二일 병부

동쪽 물에 빠져서 죽은 귀신의 탈로 손과 몸이 떨리며 춥다. 열이 있을 것이니 부적 한 장을 태워서 먹고 한 장은 머리위 벽에 붙이면 된다.

(25) 二十三일 병부

서방(西方) 산신(山神)의 벌과 남쪽에서 온 미혼 귀신의 짓이니 동전 50개를 부적에 싸서 서남쪽으로 40보 나가서 버리면 된다.

(26) 二十四일 병부

서남에서 온 음식 먹고 탈이 났다 。 귀신은 노모나 장례를 지내지 못한 귀신의 작용인데 、 한기가 있고 구토하니 부적 한 장을 태워서 먹고 밥 다섯 수저를 지어서 서방 40보 떨어진 곳에 나가서 퇴송하면 길하다 。

(27) 二十五일 병부

정남쪽 금신(金神)、노인 귀신이 만든 병이며 음식을 먹고 탈이 난 것인데、부적 두 장을 써서 한 장은 태워서 먹고、나머지 한장은 벽에 붙이고 서방 사십보 떨어진 곳에 나가서 퇴송하면 된다。

(28) 二十六일 병부

26일에 병자가 북쪽 상가집에서 얻은 친귀(親鬼)인데, 불안한 증세이니 부적 한 장에 동전 다섯개를 싸서 서북방향으로 오십보 떨어진 곳에서 퇴송하면 된다.

(29) 二十七일 병부

27일 병자가 정동쪽 방향에서 어린 남자 아이의 귀신이 와서 얻은 병인데 설사하며 광란하며 한기를 느끼고 구토를 한다. 부적 한 장을 태워서 먹고 동쪽으로 30보 간 곳에서 퇴송하면 대길하다.

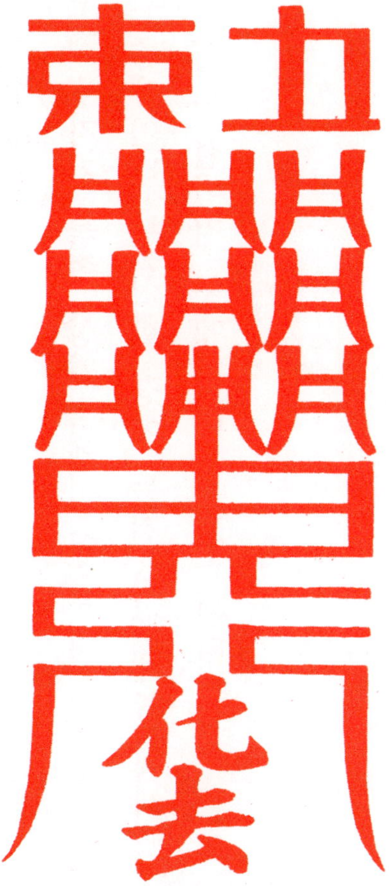

(30) 二十八일 병부

28일 북쪽에서 온 집안의 여자 아이의 귀신으로 인한 병이며 맛을 못 느낀다。부적 한 장을 태워서 먹고 한 장은 병자가 누워 있는 벽 위에 붙이고 、서쪽으로 40보간 곳에서 퇴송하면 된다。

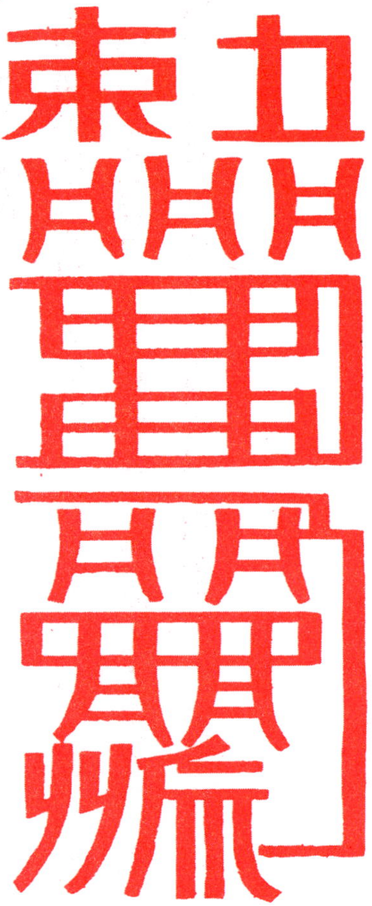

(31) 二十九일 병부

29일 병자는 동남 土신이나 가족의 귀신으로 인한 것으로 열이 나며 음식을 먹지 못한다。 귀신이 있으니 부적을 태워서 먹고 동남쪽 30보 나가서 퇴송하면 된다。

(32) 三十일 병부

30일 병자는 동남쪽 산에서 얻은 병으로 남자 귀신이 침범하여 두통이나 불안한 상태의 증상이니 부적을 써서 몸에 지니고 다니고, 밥을 지어서 서북쪽으로 40보 떨어진 곳에서 퇴송하면 길하다.

(33) 위급 병자 예방법

병자가 위급할때 부적 세 장을 써서 한 장은 태워서 먹고 한 장은 벽에 붙이고, 한 장은 몸에 지녀주면 된다.

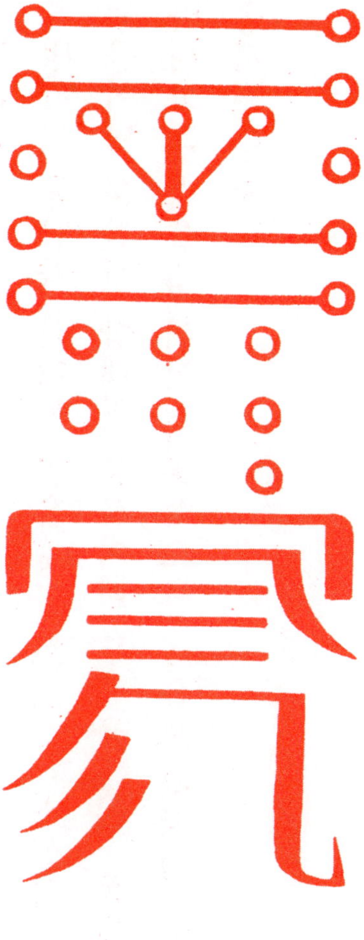

❖ 부적을 작성할 때는 기본적으로 207쪽 상신수호부와 211쪽 소원성취부와 원하는 목적의 부적을 같이 만들어서 사용하여야 부적의 효과가 있게 되는 것이니 필히 참고하세요.

☯ 생활문화사에서 나오는 부적이 있는 책의 이름들이니 참고하시기 바랍니다.

❁ 59번 신통부=한글판으로 750여가지 수록

❁ 4번 유년보감=유년 신수와 부적 수록

❁ 67번 육임단시=육임 단시 점과 부적

❁ 40번 종합불경=각종 불경과 부적 수록

❁ 70번 특사주비전=사주의 특비법과 부적

예 방 비 법

1976년 7월 29일 초판 인쇄
2017년 3월 19일 재판 발행
발행인 : 秋 松 鶴 (秋 順 植)
발행처 : 도서 생활문화사
대 표 : 추 병 기
주 소 : 서울 중구 퇴계로 49길 26
(36-19 오야 207호)
전 화 : 02 - 2265 - 6348
팩 스 : 02 - 2274 - 6398
등록1976년 1월 10일 제3-304호
ISBN 978-89-8280-006-9 13180

【 정가 : 15,000원 】